Andreas-Pazifikus Alkofer

DER HIMMLISCHE FIGARO

Andreas
Pazifikus
Alkofer

Der himmlische Figaro

Biblische Gottesbilder, die aus dem Rahmen fallen

echter

Für Alfred

– Zum 31. Mai 1998 –

Die Deutsche Bibliothek – CIP-Einheitsaufnahme

Alkofer, Andreas-Pazifikus:
Der himmlische Figaro : biblische Gottesbilder, die aus dem Rahmen fallen / Andreas-Pazifikus Alkofer. – Würzburg : Echter, 1998
ISBN 3-429-02043-3

Umschlag: Uwe Jonath (Foto: Tony Stone Bilderwelten)
Gesamtherstellung: Echter Würzburg
Fränkische Gesellschaftsdruckerei und Verlag GmbH
ISBN 3-429-02043-3

Inhalt

Einleitung

»Du sollst dir kein Bild machen … von Gott nicht, von den Menschen nicht – und überhaupt …«

Keine Frage, diese Aufforderung, dieses Verbot hat seinen Sinn, seine Bedeutung, aber auch Grenzlinien sind in dieses Verbot einzuziehen.

Wenn das Alte Testament – und es ist ja die erste Assoziation für das Bilderverbot – diesen Gedanken entwickelt und aufgreift (und selbst schon mehr als zehn verschiedene Vokabeln für das Wort »Bild« hat), dann geht es in den diversen Kontexten, in denen die einschlägigen Begriffe auftauchen, meistens um eine Polemik gegen Götterbildnisse. Darauf weist schon der Grundtext des Dekalogs (vgl. Dtn 5,8) hin. Kritisch angezielt und verworfen wird eine nur allzu leicht magische Überfrachtung dieser Bildnisse und die darauf folgende kniefällige Idolatrie, die Verehrung von Bildnissen als Gott gleichwertig.

Bilder an sich werden weder verdammt noch verboten, schon gar nicht Sprachbilder, Metaphern, Allegorien und anderes mehr. All diese bildhaften Sprach- und Wortkonstruktionen werden nicht nur nicht zurückgewiesen, sondern quasi von der ersten bis zur letzten Seite der Heiligen Schrift eingesetzt, ausgebaut, variiert.

Bilder sind unvermeidlich. Die gleiche Bibel, die Bildnisse aus guten Gründen untersagt, hat eine Unmenge von Bildern parat, wenn es darum geht, von Gott zu sprechen, von den Menschen – und überhaupt von der Welt.

Neben dem Bilder- bzw. besser: Bildnisverbot gibt es also auch einen Bilderzwang. Es hat den mehr als nur

vagen Anschein, daß wir so ganz ohne Bilder nicht auskommen. Eine banale, vielleicht zu flüchtige Bemerkung in einem gesellschaftlichen und kulturellen Kontext, in dem Bilder in Fluten auftauchen und allenthalben aufgeschäumt werden: auf Fernsehschirmen, auf PCs in allen möglichen und unmöglichen Netzen, auf Plakaten und so weiter und so fort.

Die Bilder hingegen, die hier an dieser Stelle gemeint sind, sind eben – wie schon gesagt – sprachliche, sind in Worte gefaßte Bild- und Vorstellungswelten. Sprachliche Bilder, die unsere Offenbarungsstrecke aufgespeichert hat. Viele von ihnen – so die Überzeugung und Erfahrung – werden zu selten abgerufen, aus dem Speicher geholt. Und sind doch alles andere als verstaubt.

Wenn von »biblischen Gottesbildern, die aus dem Rahmen fallen«, wie der Untertitel dieser kleinen Sammlung besagt, die Rede sein soll, dann heißt das zunächst einmal nicht, daß die vorgestellten Bildern allesamt fürchterlich neu und innovativ wären. Nein, sie sind alt. Neu – wenn denn überhaupt – ist der Versuch, sie zu reaktivieren. Diese Bilder, biblischen Sequenzen abgeschaut, könnten stehen in einer Reihe mit den Sprachfiguren, den »Offenbarungsvokabeln«, die uns wieder geläufiger geworden sind.

Gott, Jesus Christus – Schöpfer, Richter, Allmächtiger, König, Arzt, Bruder, Mutter … Facetten, Illustrationen und Annäherungen biblischer Provenienz, wiedergewonnen zum Teil, zum Teil relativiert, teils gängig, teils provozierend. An ihnen haben sich ganze Theologien entzündet. Der Rekurs auf sie hat ganz bestimmte Funktionen gehabt und desgleichen auch Wirkungen. Man denke nur an die Gottesillustration des Richters,

der unter der Hand ganz schnell auch noch der Polizist wird, der alles bemerkt, kontrolliert und dokumentiert.

Und genau an dieser Stelle offenbart das Bildnisverbot ja auch seinen eigentlichen Sinn: Gott ist letztlich nicht festlegbar, ist letztlich nicht ausmalbar, ist jedem Wort, jedem Bild entzogen. Gott ist »unbrauchbar« (so der Dogmatiker Peter Hünermann) für Instrumentalisierungen und kurzfristige wie kurzatmige Nutzanwendungen. Gott ist »unverfügbar« … Annäherungen über Sprachbilder erreichen nie mehr als das »in etwa«. Immerhin! Menschenförmig, anthropomorph also, ist die Redeweise, aber nicht einfachhin der Beredete.

Deshalb sind die vorliegenden Predigtnotizen und Annäherungsversuche eher einer »Theologie«, einer »Rede von Gott« verpflichtet, die als »Theologie des Ungefähren« verstanden werden mag. Dies hat durchaus systematische Implikationen, die aber an dieser Stelle nicht weiter entfaltet werden müssen und sollen. Nur so viel: Eine Rede von Gott in Wörtern und Bildern des Ungefähren ist unbeliebig. Sie hat einen biblischen Anfang und hat biblisch bestimmte Grenzen.

Unter diesen Bedingungen braucht Gottes Wort selbst wieder Worte, braucht Wortbilder, Vorstellungen: »Gott, die Stimme in den Stimmen, also doch nicht nur das Bild aller Bilder, die Erscheinung in allen Erscheinungen, die Gestalt aller Gestalten, sondern die Stimme in den Stimmen. Das Erscheinen Gottes in der Gotteserfahrung, die in allen Erfahrungen und durch alle Erfahrungen hindurch und über sie hinausgeht, ist also vielmehr sein Sprechen, durch alle Sprachen und in allen Sprachen und über alle Sprachen … .«, so der Theologe Alois Halder.

Diesem Grunddatum fühlt sich diese kleine Sammlung verpflichtet. Sie kann weder den Bildervorrat erschöpfen noch die einzelnen Bildspuren vollständig auslegen. Doch will sie – ehrgeizig? – den Impuls durchaus dazu geben, die angesponnenen Fäden bei der je eigenen Bilderschau in den Erst- und Fundamentaldokumenten unseres Glaubens selbst weiterzusichten und dabei Entdeckungen zu machen, die wirklich »göttlich« sind.

Die hier vorgelegte Auswahl ist unter vielerlei Hinsicht subjektiv – und auch das muß wohl so sein. Rede von Gott färbt sich immer auch nach den Erfahrungen und Erlebnissen, die der Sprecher, die Sprecherin mit seinem/ihrem Gott gemacht hat.

Und doch ist etwas nicht von Subjektivitäten und einem platten »so ungefähr« gezeichnet: eine theologische Option nämlich, die sich der Inkarnation und dem klassischen Axiom des »caro cardo salutis« verpflichtet weiß (was dem Wortlaut nach mit: »Das Fleisch ist der Angelpunkt des Heils« wiederzugeben wäre und meint, daß die Leibhaftigkeit, die von Gott in Jesus angenommene Ganzheit und Wirklichkeit des Menschen der Eckpfeiler der Erlösung wird). Oder sogar dem postpostmodernen – also gewiß nicht »kirchenväterlichen« – Versuch des italienischen Philosophen Gianni Vattimo, Inkarnation als Säkularisation zu verstehen. Wenn Gott Mensch wird, dann nimmt er die säkulare, die weltliche Wirklichkeit an und auf sich – und setzt sich unseren Worten und Bildern aus, unseren Erfahrungen, Fragen und Hoffnungen, Zweifeln und unserer Lebendigkeit. Und das mit all ihren Facetten und Handgriffen, mit den Chancen und der Fülle, die sich daraus ergibt, aber auch mit den Grenzen, die in Wortbilder immer auch eingetragen werden müssen. Und – wenn Gott Mensch wird,

dann »wird« er Jesus. Ohne auf die ganze Palette der dogmatischen Ver- und Entwicklungen, die sich aus diesem Satz ergeben, hier eingehen zu können und zu wollen, so ist es doch genau diese Offenbarungswahrheit, die es den vorliegenden Versuchen erlaubt, in einer Hinsicht etwas »schlampig« zu sein: Wenn von biblischen Gottesbildern, die aus dem Rahmen fallen, die Rede sein wird, dann eröffnet Inkarnation auch die Chance, gleichzeitig und in einem Atemzug auch von Jesus- und Christusbildern zu reden. Nicht zuletzt der »Atem Gottes«, die »ruach«, der Geist – der Dritte im Bunde – gewährt dies.

Jean-Marie Lustiger, Erzbischof von Paris, macht zudem in einem vergleichbaren Zusammenhang darauf aufmerksam: »Wer Gott auf eine subjektive Gottesvorstellung reduziert, verkennt ihn, sagt Augustinus. Man muß das Problem umkehren. Gott gibt dem Menschen die Möglichkeit, zu existieren und sich ihm gegenüber als personales Subjekt zu konstituieren. Gott schenkt dem Menschen die Sprache, durch die der Mensch sich an Gott wenden kann. Durch seine Selbstoffenbarung ermöglicht Gott dem Menschen, ihn anzusprechen. Indem Gott seinen Namen nennt, gibt er dem Menschen die Sprache und die Worte, um ihn anzusprechen. Sein Wort ergeht an den Menschen, und sobald dieser es empfängt, wird es zum menschlichen Wort. Durch dieses von Gott geschenkte Wort kann der Mensch den unsichtbaren Gott erkennen und beim Namen nennen.« Daß dies auch für aus Worten, Vorstellungen und Erfahrungen montierte Gottesbilder gilt, darf hinzugefügt werden. Gerade der Plural, die Vielfalt kann es verhindert, daß zu sehr an nur *einem* einzigen Bild gezurrt wird.

Wenn Gott dann also wieder Wort wird, weil man nicht aufhören kann, von ihm zu erzählen, wie vorläufig, wie stammelnd auch immer, dann ist das nur die andere Seite dieser Inkarnation des Wortes, des »Logos«, die erst mündlich, dann schriftlich weitergereicht wird – und damit immer neue Färbungen und Schattierungen bekommt, ein Prozeß übrigens, der sich schon in der Genese der Heiligen Schriften ablesen und nachzeichnen läßt.

Inkarnation, Gottes Säkularisation und Menschwerdung – radikal gedacht – könnte, dürfte und müßte auch heißen: Wo immer ein Handgriff getan wird, wo immer ein Wort fällt, das einem Menschen noch in den kleinsten Dingen des Alltags zum Weitergehen hilft, ihn entlastet, ist etwas spürbar von der eigentlichen Intention der Menschwerdung: nämlich selbst zur Menschwerdung zu verhelfen.

Deshalb hier Versuche von Gottesbildern, die zum großen Teil aus einer Art Handwerkskammer, sicher aber aus einer Werkstatt stammen ... »Werkstatt Heilige Schrift« im Verbund mit der »Baustelle Leben«.

Damit – das muß hier auch unterstrichen werden – soll aber gerade nicht in die Falle getappt werden, die als »vorschnelles Theologisieren« nicht nur von den Theologen, von PredigerInnen und HörerInnen als so läppisch empfunden werden kann als »Religionstünche«, als flott-feierlicher Anstrich – der nur zu leicht das Gefühl aufkommen läßt, man werde nicht an der Hand gekommen, sondern auf den Arm.

Die theologische Option ist hier eine andere. Sie geht davon aus, daß es keinen Winkel der erlebbaren, abbildbaren, beschreibbaren Welt gibt, der nicht – auf mal sehr geheimnisvolle, mal deutlichere, teils schmerz-

liche, teils heitere Weise – nicht mit Gott zu tun hat. Dahinter steckt ein Credo des Verfassers und eine franziskanische Spur, in die sich der Autor versponnen hofft. Dahinter steckt aber auch die Überzeugung, daß Gott etwas verraten hat – und das im doppelten Sinne eines Preisgebens von Verhülltem und eines vertraulichen, freundschaftlichen Preisgebens als Einweihen.

In der Konsequenz dessen versuchen die Annäherungen, die hier gesammelt sind, auch etwas zu verraten – von Gott, von seiner Art, mit uns Menschen umzugehen, sich einzumischen in seine Welt.

Ob die Umsetzung gelungen ist, kann der Autor dieser Zeilen keinesfalls allein selbst entscheiden. Den Versuch war es hoffentlich wert. Aber zwischen Versuch und Versuchung liegt gerade eine Silbe – und somit eine ganze Welt.

Die vorliegenden Texte haben eine eigene Geschichte. Entstanden sind sie im Nukleus für eine Predigtreihe zur Sebastiani-Oktav im Jahre 1994 im »Franziskanischen Zentrum« in Augsburg, einem Kapuzinerkonvent und zugleich einer Heimstatt der »Franziskanischen Gemeinschaft«, einem Ort also, der sich für mich als ein Ort erwiesen hat, dem ich einige Dinge zutrauen darf, die »aus dem Rahmen fallen«. Auch aus diesem Grund möchte ich dieses kleine Buch meinen Schwestern und Brüdern aus der »Franziskanischen Gemeinschaft« und dem Kapuzinerorden dort (und nicht nur dort) zueignen und somit die Eingangswidmung um sie erweitern.

Eine nicht ganz so lange Zeit durften die ersten der Predigten dann in Ordner und Festplatte ruhen, bevor sie in Würzburg wieder ausprobiert werden sollten.

Dann aber war lange Pause.

Predigten haben ihre Rahmen, Räume und Zeiten. All diese Bedingungen gründen wiederum eine eigene Atmosphäre und Spannung wie Schwingung. Dies alles ist unwiederholbar, erinnerbar allenfalls für den Prediger selber (und hoffentlich für ein paar der Anwesenden damals). Aus diesem Rahmen sind diese Texte – für die Drucklegung in diesem Band beträchtlich überarbeitet und verändert – jetzt gefallen, ihm entwachsen und haben sich dabei nicht unerheblich verändert. Das hat natürlich Folgen. Zudem sind einige der hier vorgelegten Beiträge erst für dieses Buch konzipiert worden. Damit verändert sich natürlich ebenfalls die innere Balance, wenngleich die gleiche Idee und Option leitend bleibt.

Noch ein Nachwort zum Vorwort – und eine gar nicht so bescheidene Hoffnung. Sie ist verknüpft mit einem Gebet, das man ebenso notorisch wie falsch dem hl. Franziskus von Assisi zuschreibt, das aber gleichwohl dessen Atem trägt, jedoch aus dem Frankreich des Jahrhundertbeginns stammt:

»Herr, mach mich zu einem Werkzeug
deines Friedens,
daß ich liebe, wo man haßt;
daß ich verzeihe, wo man beleidigt;
daß ich verbinde, wo Streit ist;
daß ich die Wahrheit sage, wo Irrtum;
daß ich Glauben bringe, wo Zweifel droht;
daß ich Hoffnung bringe, wo Verzweiflung quält;
daß ich Licht entzünde, wo Finsternis regiert;
daß ich Freude bringe, wo der Kummer wohnt.

Herr, laß mich trachten,
nicht das ich getröstet werde,
sondern daß ich tröste;
nicht, daß ich verstanden werde,
sondern daß ich verstehe;
nicht, daß ich geliebt werde,
sondern daß ich liebe.
Denn wer sich hingibt, der empfängt;
wer sich selbst vergißt, der findet;
wer verzeiht, dem wird verziehen;
und wer stirbt, der erwacht zum ewigen Leben.«

Nicht so sehr das leblose Werkzeug ist hier das Ziel, sondern eher der unverwechselbare und je einzigartige Handlanger, Handwerker und Mitarbeiter, lebendig, mit eigener Geschichte, eigenen Erfahrungen – der wäre doch ein lohnendes Ziel …

Gott als Maurer

Aus dem Buch des Propheten Amos (Am 9,11–15)

An jenem Tag
richte ich die zerfallene Hütte Davids wieder auf
und bessere ihre Risse aus,
ich richte ihre Trümmer auf
und stelle alles wieder her
wie in den Tagen der Vorzeit,
damit sie den Rest von Edom unterwerfen
und alle Völker,
über denen mein Name ausgerufen ist –
Spruch des Herrn, der das alles bewirkt.
Siehe, es kommen Tage – Spruch des Herrn –,
da folgt der Pflüger dem Schnitter auf dem Fuß
und der Keltertreter dem Sämann;
da triefen die Berge von Wein,
und alle Hügel fließen über.
Dann wende ich das Geschick meines Volkes Israel.
Sie bauen die verwüsteten Städte wieder auf
und wohnen darin;
sie pflanzen Weinberge und trinken den Wein,
sie legen Gärten an und essen die Früchte.
Und ich pflanze sie ein in ihrem Land,
und nie mehr werden sie ausgerissen
aus ihrem Land, das ich ihnen gegeben habe,
spricht der Herr, dein Gott.

Aus dem Johannesevangelium (Joh 2,13–21)

Das Paschafest der Juden war nahe,
und Jesus zog nach Jerusalem hinauf.
Im Tempel fand er die Verkäufer von Rindern,
Schafen und Tauben
und die Geldwechsler, die dort saßen.
Er machte eine Geißel aus Stricken
und trieb sie alle aus dem Tempel hinaus,
dazu die Schafe und Rinder;
das Geld der Wechsler schüttete er aus,
und ihre Tische stieß er um.
Zu den Taubenhändlern sagte er: Schafft das hier weg, macht das Haus meines Vaters nicht zu einer Markthalle!
Seine Jünger erinnerten sich an das Wort der Schrift:
Der Eifer für dein Haus verzehrt mich.
Da stellten ihn die Juden zur Rede:
Welches Zeichen läßt du uns sehen als Beweis,
daß du dies tun darfst?
Jesus antwortete ihnen:
Reißt diesen Tempel nieder,
in drei Tagen werde ich ihn wieder aufrichten.
Da sagten die Juden:
Sechsundvierzig Jahre wurde an diesem Tempel gebaut, und du willst ihn in drei Tagen wieder aufrichten?
Er aber meinte den Tempel seines Leibes. Als er von den Toten auferstanden war, erinnerten sich seine Jünger, daß er dies gesagt hatte, und sie glaubten der Schrift und dem Wort, das Jesus gesprochen hatte.

Daß »das Leben eine Baustelle« ist, hat nicht erst vor kurzem ein junger Filmemacher in Deutschland entdeckt, der seiner Halbkomödie diesen Titel gab.

Die Frage, wer da wie mitmauert, wer der Kapo, wer der Maurer ist, stellt sich schon ein wenig früher. Israel ist eine Baustelle. Und hat es nicht gerade an Gesetzen – oder *dem* – Gesetz vorbei? von fremden Subunternehmen für seine Großbaustelle »Leben« und »Überleben« einen Meistermaurer in seinen Diensten?

Ein reichlich fremdes, eher weniger geläufiges und unbekanntes Bild von diesem Gott Israels, das der Prophet Amos da seinen Leuten und uns vorlegt. Aber er schildert und bebildert es plastisch: Man kann ihn, Gott, förmlich sehen, wie er den Mörtel anrührt, ihn mit der Maurerkelle an die Wand klatscht. Steine schleppt, Balken einzieht, Risse verputzt …

Und es gibt viel zu reparieren damals in Israel. Das Land ist von Kriegen zerrissen worden. Wie Wohnhäuser, wie Lebensräume danach ausschauen, wissen wir, wieviel Reparaturarbeiten es braucht, damit man wieder halbwegs vernünftig hausen kann, auch. Das sprichwörtliche Dach über dem Kopf ist wichtig, ebenso die Mauern und Wände, die Schutz gewähren, Rückzugsmöglichkeiten und Deckung …

Und deshalb liegt es für den Propheten auf der Hand, bei seiner Botschaft an Bildern, an Erfahrungen anzuknüpfen, die den Leuten nahe sind, unter denen sie sich unmittelbar und direkt etwas vorstellen können – wie das Dach über dem eigenen Kopf und die »Haushülle« um den eigenen Körper.

Aber es sind nicht nur die Risse in den Häusern, ihren Dächern, ihren Mauern gemeint. Das wird schon bei einem flüchtigen Blick in dieses kleine Prophetenbuch deutlich.

Der Begriff »Haus Israel« meint ja nicht einfach nur eine Ansammlung von Häusern, die jetzt in bedauerlichem Zustand sind. Er symbolisiert das Volk Israel selbst: Alte, Junge, Frauen, Männer, Arbeiter, Bauern – einfach alle.

Und da gibt jede Menge zu reparieren und auszubessern: Amos muß den Israeliten eine ganze Menge harter und anklagender Brocken als Bestandsaufnahme, als Sichtung der Bausubstanz um die Ohren hauen – bis er in den letzten Versen einbiegen kann auf diese Schlußgerade: Gott als Maurer, der Trümmer fortschafft, der Häuser aufbaut, Risse schließt … auf dieser Baustelle »Haus Israel«.

Die Liste, die Amos den Israeliten präsentiert, klingt schon in den bloßen Überschriften ziemlich vertraut für unsere Ohren:

Er klagt die politische und religiöse Oberschicht an – vor allem die: Sie unterdrücken die Armen, zerstören deren Familien und Lebensräume. Dabei ist der äußere, der liturgische Kult im Tempel glänzend organisiert, läuft auf Hochtouren. An der Fassade des Tempelhauses zeigen sich die echten Risse nicht auf den ersten Blick. Aber was die Menschen außerhalb und rundherum wirklich bewegt, bedrückt, was sie stört und zerstört, sie und ihre Häuser – das ist den Oberschichten egal und hat keinen geschützten, sicheren Raum.

Und weiter – nur in kleinen Auszügen: Recht wird gebeugt bei euch, wirft Amos den Israeliten vor. Die Kleinen und Armen haben keine Chance, ihre berechtigten Ansprüche durchzubekommen. Sie werden einfach über den Tisch gezogen.

All das – und es gäbe noch einiges mehr dazu, die kleine Liste ist lange nicht komplett – sagt deutlich: In diesem Haus Israel gibt es an allen Ecken und Enden Risse und Brüche. Die Gesellschaft droht zusammenzubrechen.

Aber das ist eben nicht das letzte Wort. Eindeutig auf der Seite der Kleinen und Armen, der Entrechteten und Unbehausten schickt dieser Maurer-Gott seinen Propheten ja zu den »Bauherren« im »Haus Israel«, den politisch und kultisch Mächtigen. Für den Propheten wird es kein großes Vergnügen gewesen sein, auf dieser Baustelle den Laufburschen abzugeben, in die Höhle der Baulöwen zu rennen (und deren nur zu leicht offene Messer!). Eindeutig auf der anderen Seite also, endet das ganze nicht mit einer Riesenverurteilung aller, einem Immobilienskandal, einer Baupleite – sondern mit einer Verheißung: Die Risse werden ausgebessert sein, die Trümmer beseitigt. Räume zum Leben werden entstehen, stabil, unterkellert. Das Fundament legt Gott selbst, die tragende Teile verdienen ihren Namen. Man steht nicht im Regen. Da ist ja das Dach. Es pfeift nicht durch die Ritzen und Mauern. Die sind saniert oder neu aufgezogen. Räume, geschützte Räume zum Durchatmen. Jetzt läßt es sich wieder leben – ohne Angst, ohne Ausbeutung, ohne Rechtsbruch, auch ohne heuchlerische Gottesdienste. All das, weil Gott sich uns als Maurer vorstellt, der ausbessert, aufräumt, Lebensraum zur Verfügung stellt, sprich: ein Haus für uns in die Höhe zieht.

Das ist die eine Seite – die, sagen wir, wohnungsbaupolitische, die soziale. Aber es gibt noch eine andere, die mindestens ebenso wichtig erscheint. Eine, die zeigt, wie vielschichtig solche biblischen Bilder sind und wie tief sie greifen können.

Diese andere, die innere Seite, läßt sich finden an all den Stellen in meinem eigenen Leben, nicht weit weg, nicht 2500 Jahre entfernt wie die Amosgeschichten, ganz nahe an den Stellen in meiner Lebensgeschichte, in meinem Lebenshaus, wo ich sagen mußte: Da hat es mir einen Riß gegeben! – Da ist etwas eingestürzt in mir! – Da sind Pläne, Hoffnungen, Träume, Beziehungen in Trümmer gegangen! – Da bin ich eingebrochen! Oder die anderen Stellen, wo ich mehr oder weniger sicher weiß, ahne, spüre, daß ich da bei anderen alles andere als aufbauend war, mich wie ein Bulldozer bewegt habe, Mauern eingerissen, Grenzen übertreten oder gar ein Lebenshaus zum Einsturz gebracht habe.

Das sind Bilder, Sätze aus unserer normalen alltäglichen Sprache, die solche Erfahrungen, Risse, Wunden umschreiben.

Jeder wird ziemlich genau die Stellen im eigenen Gebäude, in der eigenen »Baustelle Leben« kennen, wird Namen kennen, Gesichter, Orte und Zeiten, die mit Einsturzgefahren verbunden waren oder sind.

Aber genau an diesen mühsamen, gestörten und vielleicht sogar zerstörten Häusern, Beziehungen, Gefühlen, Hoffnungen kann dieses biblische Bild vom einem Gott, der die Risse in den Mauern, die Risse in abbruchreifen Lebensgebäuden ausbessert, wieder und neu greifen. Genau das soll es ja auch.

Zum einen sagt dies: Diese Erfahrungen – meine ureigenen Erfahrungen und ihre Wortbilder dafür – sind der Bibel, der Heiligen Schrift nicht fremd. Sie kennt sie, nimmt sie ernst – und hat sogar in Ansätzen und Andeutungen die passende Sprache dazu.

Und zum andern: Auch hier ist der Riß, das Trümmerhafte, das Unfertige nicht das letzte Wort. Es mündet auch bei dem kritischen Amos, wie an vielen anderen Stellen der Schrift, in eine Verheißung: Gott repariert, richtet auf, stellt wieder her.

Bilder vom ausgebesserten Leben, aufgerichteten Leben, Bilder von und für die »Baustelle Leben«, Bilder von einem Gott, der uns über Jesus mitteilt, daß er sich vor Eifer für sein Haus verzehrt. Gott, der Maurer, und Jesus, auf Räumkommando im Tempel, um Lebensraum und Platz zu schaffen für die vielen anderen, die immer dann zu kurz kommen oder hinausgedrängt werden, wenn allzu offensichtliche Geschäftsbedingungen und -interessen den Platz besetzen oder abschneiden – das Ziel ist das gleiche: Es geht darum, Lebensraum zu schaffen für die vielen, Wohnraum zu retten, der sonst den Spekulanten zum Opfer fällt …

Gott als Friseur

Aus dem Buch der Psalmen – der 23. Psalm

Der Herr ist mein Hirte,
nichts wird mir fehlen.
Er läßt mich lagern auf grünen Auen
und führt mich zum Ruheplatz am Wasser.
Er stillt mein Verlangen;
er leitet mich auf rechten Pfaden, treu seinem Namen.
Muß ich auch wandern in finsterer Schlucht,
ich fürchte kein Unheil;
denn du bist bei mir,
dein Stock und dein Stab geben mir Zuversicht.

Du deckst mir den Tisch
vor den Augen meiner Feinde.
Du salbst mir das Haupt mit Öl,
du füllst mir reichlich den Becher.
Lauter Güte und Huld werden mir folgen
mein Leben lang,
und im Haus des Herrn darf ich wohnen
für lange Zeit.

Aus dem Matthäusevangelium (Mt 10,26–33)

In jenen Tagen sagte Jesus zu den Seinen:
Fürchtet euch nicht vor denen,
die den Leib töten, die Seele aber nicht
töten können,
sondern fürchtet euch vor dem, der Seele
und Leib ins Verderben
der Hölle stürzen kann.

Verkauft man nicht zwei Spatzen für ein
paar Pfennige?
Und doch fällt keiner von ihnen zur Erde ohne
den Willen eures Vaters.
Bei euch aber sind sogar die Haare
auf dem Kopf alle gezählt.
Fürchtet euch also nicht!
Ihr seid mehr wert als viele Spatzen.

Das Bild, das uns hier von Gott gezeichnet wird, ist aufgehoben in einem sehr vertrauten Textraum, denn der Psalm 23 ist wohl eines der Gebete aus dem Psalter, dem viele von uns oft und oft begegnet sind in der Liturgie, im persönlichen Beten und Betrachten. Das hat wohl seine Gründe – nicht nur, weil die Situation, die sich da als Hintergrund und als Folie, als Erfahrungs- und Ursprungsgrund für diese Zeilen einzeichnet, immer wieder als Echo eigener Erlebnisse aufgefaßt werden kann.

Wer hat sich nicht schon einmal in der finsteren Schlucht gefühlt, verraten, verkauft, bedroht, verängstigt!

Und dann deckt er, Gott, mir den Tisch – mitten in der Bedrohung. Ausruhen können. Da sorgt sich einer um mich, sorgt für mich.

Einer ist da, der mich durch das finstere Tal begleitet, der im Engpaß zu mir steht. Dein Stecken und Stab – das letzte, woran ich mich klammern kann …

Wer hat sich da nicht schon einmal an solche Bilder geklammert, an diese Gegenbilder zur blanken Verzweiflung, an diese Hoffnungs-, Lebensbilder mitten in einer der vielen Nöte, die wir so kennen, an denen wir leiden, die wir aber auch anderen zufügen!

Aber da ist noch etwas. Und das führt uns zu einer weiteren Gottesvorstellung, die aus dem Rahmen des Üblichen fällt, knapp und dezent angedeutet nur, aber gut und angenehm weiterzuspinnen und auszumalen: Gott als Friseur. Eigenwillig, ich gebe es zu, aber genau das taucht mitten in diesem Psalm auf: *»Du salbst mir das Haupt mit Öl!«*

Das ist – unter anderem, aber vor allem – ein Friseusen- oder Friseursdienst … Und es wird erzählt, daß kein anderer als Gott ihn ausführt. Er selbst ist der »Figaro hier, der Figaro da«, der Coiffeur, der in die Tuben, Döschen und Flaconsortimente greift, die ihm zur Verfügung stehen wie keinem anderen. Er hat das passende, auf meinen Typ abgestimmte Salböl für meine Seele, für meine Wunden, für Haupt und Haar.

Wir brauchen wohl alle nicht sehr weit gehen, nicht lange herumkramen in unseren Erinnerungen, bis wir merken, daß in diesen Vorstellungen sehr angenehme Seiten stecken, duftige, sanfte Berührungen. Ein gepflegtes Bild vom pflegenden Umgang mit nicht immer Pflegeleichten …

Wir brauchen uns nur an unseren letzten Friseurbesuch zu erinnern. Ich will was für mich tun lassen, will wieder gut und gepflegt ausschauen, gut riechen, attraktiv sein.

Wenn man verschwitzt ist, zerzaust vom Gegenwind der normalen Tage – dann ist es einfach ein Genuß, sich wiederherrichten zu lassen, innerlich und äußerlich. Dann ist es ein Genuß, daß mich da jemand fragt, ob das Wasser die richtige Temperatur hat, wenn mir der Kopf gewaschen wird (und das nicht im übertragenen Sinn!). Langsam rinnt es mir über den Kopf. Ganz entspannt bin ich und zurückgelehnt. Dann wird Shampoo einmassiert. Hände auf meinem Kopf, leichte, kreisende Fingerbewegungen. Ganz dezent, besorgt darum, daß es mir gutgeht, ich mich wohlfühle. Angenehm. Das Kribbeln, die Entspannung – von der Kopfhaut breitet sie sich aus über den ganzen Körper.

Es tut wohl. Jemand kümmert sich um mich …

An solche Erinnerungen und Gefühle will das Bild vom Gott als Friseur anknüpfen. Eigentlich eine von

Zeit zu Zeit ganz normale Erfahrung. Ich gönne mir was – und etwas wird mir gegönnt.

»Du salbst mein Haupt mit Öl!« – Gutgehen soll es mir jetzt. Wenigstens für den einen oder anderen Augenblick darf ich mich entspannen.

Der tägliche Gegenwind, der Schweiß des Alltags wird dir deine Frisur zwar sicher wieder durcheinanderbringen. Aber jetzt genieße den Augenblick, wenn dir sanft der Kopf massiert wird! Jetzt will dir keiner die Haut über die Ohren ziehen – jetzt lehne dich zurück, lehne dich an!

Solche Farben, solche Düfte umspielen und prägen diese Miniatur, dieses Bild von Gott als Friseur.

Es mag erstaunen, aber das Evangelium nimmt dieses Bild von Sorge und Pflege auf seine ganz eigene Art ebenso auf wie die Erfahrungswerte, die sich daran anschließen.

Da wird davon geredet, daß jedes Haar auf meinem Haupt gezählt ist. Ob das nun die Aufgabe eines Friseurs ist, sei dahingestellt, aber wenn ich lange Jahre zum gleichen Friseur gehe, dann wird er schon merken, ob die Zahl abnimmt oder bleibt …

Worum es auch hier geht: Wiederholt und betont wird gesagt »Fürchtet euch nicht!«, im dunklen Tal nicht, nicht einmal angesichts der massivsten Bedrohungen – da gibt es einen, der auf uns schaut, der sich um uns kümmert, der bis in die kleinste Kleinigkeit, bis in die Haarspitzen sozusagen, darauf schauen will, daß wir nicht zu kurz kommen oder gar unter die Räder.

Ob er uns nun das Haupt salbt oder ob er uns die Haare zählt – wichtig, lebenswichtig ist: Gott als Friseur ist einer, dem es um unser Wohlergehen geht.

Darum, so legen diese Bilder nahe, will er sich kümmern – auch und gerade, wenn nicht nur unsere Frisuren, sondern sehr viel mehr, unser Innerstes nämlich, zerzaust und durchgeblasen wird von den Stürmen und schweißtreibenden Augenblicken, die sich so in einem Leben ansammeln.

Und darum auch dieses etwas eigenartige Bild, das uns an ganz normale, aber eben auch ganz gute und entspannende Augenblicke bei unserem Friseur erinnern will mit dem Tenor: So und noch viel intensiver geht dieser Gott mit dir um!

Die Erinnerung an den letzten Besuch in einem Friseursalon – sie wird so zu einer Vorahnung und Andeutung von einer der Handwerkskünste Gottes, von seinem Umgang mit uns. Bis in die Haarspitzen hinein will er sich um uns kümmern, will uns pflegen, damit wir gut ausschauen, damit es uns gutgeht.

Gott als Hebamme

Aus dem Buch Genesis (Gen 2,19–23)

Gott, der Herr, formte aus dem Ackerboden alle Tiere des Feldes und alle Vögel des Himmels und führte sie dem Menschen zu, um zu sehen, wie er sie benennen würde.
Und wie der Mensch jedes lebendige Wesen benannte, so sollte es heißen.
Der Mensch gab Namen allem Vieh, den Vögeln des Himmels und allen Tieren des Feldes.
Aber eine Hilfe, die dem Menschen entsprach, fand er nicht.

Da ließ Gott, der Herr, einen tiefen Schlaf auf den Menschen fallen, so daß er einschlief, nahm eine seiner Rippen und verschloß ihre Stelle mit Fleisch.

Gott, der Herr, baute aus der Rippe, die er vom Menschen genommen hatte, eine Frau und führte sie dem Menschen zu.

Und der Mensch sprach:
Das endlich ist Bein von meinem Bein
und Fleisch von meinem Fleisch.

Aus dem Buch des Propheten Jesaja (Jes 66,8–11)

So spricht der Herr:
Wer hätte so etwas je gehört,
wer hat dergleichen je gesehen?
Wird ein Land an einem einzigen Tag geboren,
kommt ein Volk auf einmal zur Welt?
Doch Zion, kaum in den Wehen,
hat schon ihre Kinder geboren.
Hätte ich ihr etwa den Schoß öffnen sollen,
ohne sie gebären zu lassen? – spricht der Herr.
Sollte ich, der die Frauen gebären läßt, ihnen
den Schoß verschließen? – spricht dein Gott.

Freut euch mit Jerusalem!
Jubelt in der Stadt alle, die ihr sie liebt.
Seid fröhlich mit ihr,
alle, die ihr über sie traurig wart.
Saugt euch satt an ihrer tröstenden Brust,
trinkt und labt euch an ihrem mütterlichen
Reichtum.

Geburtshelfer-Gott? Hebamme Gott? Auch das ist keine gerade geläufige Bebilderung dessen, was wir von Gott halten dürfen, dessen, was wir von ihm haben könnten.

Wahrscheinlich ist uns der Zugang zu diesem Gottesbild über die Erzählung von der Erschaffung von Mann und Frau aus dem Buch Genesis leichter, der Hebammendienst Gottes deutlicher.

Er ist es, der ganz plastisch, ganz wortwörtlich ins volle Menschenleben hineinlangt, um Leben in die Welt zu bringen. Hilfreich zu sein bei der Geburt des Menschen als Mann und Frau – als gleichwertig, gleichberechtigt und doch reizvoll verschieden, aufeinander angewiesen: Dann erst wird Leben ganz, farbig; dann erst wird Leben lebendig – so die Erinnerung, die Erfahrung, die diese alttestamentlichen Schriftsteller aufspeichern.

Klar, die wissen dann auch noch Bescheid über die anstrengenden und schwierigen Seiten dieses lebendigen Verhältnisses von Mann und Frau. Davon können sie auch erzählen. Aber das ist an dieser Stelle nicht mein Thema.

Geburtshelfer-Gott, Hebammen-Gott. Davon weiß auch das Jesaja-Buch in seinem dritten Teil zu berichten.

Und da wird es plastisch, lebensnah. Die Bilder, Informationen, die Erfahrungen, die da in einer Sprache auftauchen, die an Deutlichkeit nichts zu wünschen übriglassen, sind der Lebenswirklichkeit abgeschaut und durchsichtig gemacht auf die Art Gottes.

»Er, Gott selbst, läßt die Frauen gebären, er öffnet ihnen den Schoß, daß neues Leben ans Licht kommt.«

Hebammen-Dienst. Hilfestellung bei den freudigen, den schwierigen, den anstrengenden Geburten.

Hebammen-Griffe. Ans Leben heben, ans Licht ziehen – und gleich nachschauen, wie jemand diesen schmerzlichen, mühevollen Schritt – raus an die kalte, frische Luft, heraus aus der Wärme und Geborgenheit der mütterlichen Umgebung – überstanden hat.

Hebammen-Dienst: Gleich ist jemand dabei, um darauf zu achten, ob der Neuankömmling selbst atmen kann und sich nicht mit der Nabelschnur die Kehle abdrosselt. Gleich ist jemand da, der hilft, daß der Schub in die kalte und fremde neue Umgebung »Welt« abgemildert wird. Abwaschen, saubermachen, diesen kleinen Körper, der schon bei seinem ersten Schritt ins Leben blutige Spuren an sich hat – es werden noch viele andere Schrammen dieser und anderer Art kommen.

Einwickeln in Decken, daß es warm wird. Der freundliche Klaps – die Reaktionen werden getestet. Das erste Schreien. Da meldet sich ein neuer Mensch zu Wort, ergreift das Wort. Aber auf Hilfe wird er angewiesen bleiben, auf Unterstützung, auf Nähe und Berührung, daß er sich und seine Stimme, daß er sich in seinem Leib wird entfalten und erhalten können.

All das Hebammen-, Geburtshelferdienste für die Mutter, für das neugeborene Wesen Mensch. Erste Geburt – schwieriges, gefährliches Unterfangen. Ihr werden weitere »Geburten« folgen – gefährliche Übergänge, klamme Engstellen.

Gerade deshalb, weil diese Übergänge so heikel, so gefährlich und gefährdend sind, weil es sich um eine, um die uns gemeinsame Urerfahrung handelt, bietet die Heilige Schrift das Bild von Gott als der Hebamme, als dem Geburtshelfer – und knüpft so an dieses tiefgründige Erlebnis an. Das gilt für die erste, die leibliche Geburt, die bei Jesaja so klar und drastisch beschrieben wird, das gilt für die folgenden »Geburten«. Und so hat das Bild weitere Flächen, weitere Farben und Dimensionen.

Weitere Geburten: Oft nicht weniger schwierig und langwierig als bei der ersten Geburt wird es sein, wenn aus dem Kind der Mann, wenn aus dem Kind die Frau wird. Wenn über die Jahre ein Erwachsener geboren wird, der sich oft genug durch schmale Geburtskanäle zu zwängen hat. Nicht selten mit weiteren Scharten, Verwundungen, mit Zeichen der Anstrengung in seinem, in ihrem Gesicht, mit dem Verlust des vertrauten wärmenden Milieus, abgeschnittenen Nabelschnüren, weiteren Kälteschocks und Atemnöten.

Bei diesen Geburten – die bis zum Geburtskanal »Tod«, der schwierigen Geburt in ein neues Leben, dauern werden – heißt das Bild von Gott als einer Hebamme: Da steht jemand ebenso sprungbereit wie erfahren dabei; bei dem anstrengenden Weg, ein Mensch zu werden, ganz, innen wie außen.

In den Übergangs- und Veränderungszeiten, die wir alle durchmachen und austragen, meint das: Er steht da, wachsam, daß wir aus uns selbst atmen, denken, fühlen können. Da macht sich einer die Hände schmutzig, greift hinein in das Leben, langt es an, hebt es, damit wir zu uns selbst kommen können. Auch wenn die Umstände zunächst feindlich ausschauen, wir uns allein schlecht zurechtfinden, weil alles so neu und ungewohnt ist: er umhüllt uns, damit es uns nicht zu kalt wird, wenn wir den Schritt in eine neue Umwelt wagen oder wagen müssen.

Er ist es, dieser Hebammen-Gott, der unsere lauten oder leisen Schreie hört – als einer der ersten.

Ans Leben bringen, da sein, uns einhüllen in seine

Wärme, nachschauen, ob bei uns »alles so funkioniert«, damit wir weiterleben können. Auf eigenen Beinen dann, mit der eigenen Farbe im eigenen Gesicht, mit all den Spuren, die sich in ihm und tief in uns eingegraben haben bei den anstrengenden Vorgängen, die eine Geburt innen und außen so hinterlassen.

Die Hebammendienste Gottes an uns – gespeichert in diesen Sätzen des Jesaja, Erfahrungen, Bilder, die mir helfen könnten, ich selbst zu werden mit einem unverwechselbaren eigenen Leben, einem einmaligen und einzigartigen Rhythmus – ich selbst für mich, für die und mit den anderen, für die, die mich umgeben, ich selbst mit und vor einem Gott, der mir die Sprünge ins Leben beibringen, sie begleiten will – fürsorglich und sorgfältig als Geburtshelfer, als Hebamme.

Gott als Schneider

Aus dem Buch Genesis (Gen 3,13–21)

Gott, der Herr, sprach zur Frau: Was hast du getan?
Die Frau antwortete: Die Schlange hat mich verführt, und so habe ich gegessen.

Da sprach Gott, der Herr zur Schlange:
Weil du das getan hast, bist du verflucht unter allen Tieren des Feldes.

Zur Frau sprach er:
Viel Mühsal bereite ich dir, sooft du schwanger wirst.
Unter Schmerzen gebierst du Kinder.
Du hast Verlangen nach deinem Mann;
er aber wird über dich herrschen.

Zu Adam sprach er: Weil du auf deine Frau gehört und von dem Baum gegessen hast, von dem zu essen ich dir verboten hatte:
So ist verflucht der Ackerboden deinetwegen.
Unter Mühsal wirst du von ihm essen alle Tage deines Lebens.

Adam nannte seine Frau Eva (Leben), denn sie wurde die Mutter aller Lebendigen.

Gott, der Herr, machte Adam und seiner Frau Röcke aus Fellen und bekleidete sie damit.

Aus dem Lukasevangelium (Lk 15,11–22)

Weiter sagte Jesus: Ein Mann hatte zwei Söhne. Der jüngere von ihnen sagte zu seinem Vater: Vater, gib mir das Erbteil, das mir zusteht!
Da teilte der Vater das Vermögen. Nach wenigen Tagen packte der jüngere Sohn alles zusammen und zog in ein fernes Land. Dort führte er ein zügelloses Leben und verschleuderte sein Vermögen. Als er alles durchgebracht hatte, kam eine große Hungersnot über das Land, und es ging ihm sehr schlecht. Da ging er zu einem Bürger des Landes und drängte sich ihm auf; der schickte ihn zum Schweinehüten. Er hätte gerne seinen Hunger mit den Futterschoten gestillt, die die Schweine fraßen; aber niemand gab ihm davon.
Da ging er in sich und sagte: Wie viele Tagelöhner meines Vaters haben mehr als genug zu essen, und ich komme hier vor Hunger um. Ich will aufbrechen und zu meinem Vater gehen und zu ihm sagen: Vater, ich habe mich gegen den Himmel und gegen dich versündigt. Ich bin nicht mehr wert, dein Sohn zu sein; mach mich zu einem deiner Tagelöhner.
Dann brach er auf und ging zu seinem Vater.
Der Vater sah ihn schon von weitem kommen, und er hatte Mitleid mit ihm. Er lief dem Sohn entgegen, fiel ihm um den Hals und küßte ihn.
Da sagte der Sohn: Vater, ich habe mich gegen den Himmel und gegen dich versündigt. Ich bin nicht mehr wert, dein Sohn zu sein.
Der Vater aber sagte zu seinen Knechten: Holt schnell das beste Gewand und zieht es ihm an, steckt ihm einen Ring an die Hand und zieht ihm Schuhe an.

Zwei ganz außerordentlich bekannte Texte, Textilien, Texturen aus der Heiligen Schrift – wie oft haben wir sie mittlerweile schon gehört, wie vertraut sind sie uns geworden!

Und obwohl sie aus ganz verschiedenen Texturen stammen, laufen eine Reihe von Fäden und Nähten zwischen beiden hin und her und entspinnen sich zwischen ihnen. Sie gilt es aufzunehmen.

Die »Textur« aus dem Buch Genesis erzählt, unmittelbar nachdem sie von der Sündenfallszenerie berichtet hat, von der Strafpredigt, die Gott den beiden Textilfreien, Adam und Eva nämlich, hält. Da wird ihnen klargemacht, unter welchen Umständen, Schwierigkeiten, Qualen menschliches Leben stehen wird. Damals und heute nicht weniger.

Das Evangelium erzählt auch von einem »Sündenfall«, freilich unter anderen, weit weniger paradiesischen, dafür aber viel unmittelbarer nachfühlbaren Zusammensetzungen und Strickmustern. Ein Sohn will seine Freiheit ausprobieren, will etwas riskieren, will leben nach seinem Gusto. Das ist an sich weder ungewöhnlich noch anrüchig. Doch die Zeiten sind gegen ihn, er verstrickt und verheddert sich. Nach dem großen Aufbruch der große Einbruch. Er landet auf der Nase, landet bei den Schweinen … und kehrt reumütig und gedemütigt zurück.

Beide Erzählungen – und es ist wichtig, daß wir das klar im Auge behalten – wollen in ihrem Zusammenhang nicht mit dem moralischen Zeigefinger fuchteln, wollen nicht bloß verurteilen. Adam und Eva nicht, wenn sie sich auf die Suche nach der Erkenntnis machen. Den jungen Mann nicht, wenn er sich auf die Suche nach der Freiheit und ihren Möglichkeiten macht.

Vielmehr versucht das alte Israel sich zu erklären, warum Leben so anstrengend sein kann, woher es kommt, daß Menschen aufeinander losgehen, sich und andere quälen, woher die Schieflage im Verhältnis zwischen Frauen und Männern kommt und dergleichen mehr. Irgendeinen Grund muß es ja haben, eine Erklärung geben, warum die Welt so geworden ist, wie sie sich zeigt, warum man sich nackt und bloß fühlen kann, warum manches, was geschieht, nicht zu uns paßt, wie Kleider, die ein paar Nummern zu groß oder zu klein sind. Und die folglich dazu führen, daß einem der Atem knapp wird oder man sich verheddert.

Nicht viel anders geht das Evangelium vor. Auch hier wird eine ganz tiefe Erfahrung gespeichert: Jemand, der auf der Suche nach seinem eigenen und freien Weg ist, scheitert. Und der junge Mann ist lange nicht der einzige, dem es so geht, dem es so ergehen wird.

Nein, es wird eben nicht verurteilt, wenn jemand nach Erkenntnis sucht oder nach seiner Freiheit. Selbst wenn die Mittel und die Wege ganz verschieden sind. Und in beiden Fällen nicht zu einem guten Ende führen. Oder doch?

An dieser Frage laufen die Nähte, die Schnittstellen zusammen, zeigt sich ein Grundmuster, entspinnen sich gemeinsame Fäden. Die beiden roten Fäden liegen in derselben Hand:

»Gott, der Herr, machte Adam und Eva Röcke aus Fellen und bekleidete sie damit!«

»Der Vater aber sagte zu seinem Knecht: Holt schnell das beste Gewand und zieht es ihm an, steckt ihm einen Ring an den Finger, zieht ihm Schuhe an!«

Gott als Schneider. Er entwirft den beiden Gestraften, Adam und Eva, ein Gewand.

Gott, der seine Kleiderkammer plündert und dem Sohn, der auf die Schnauze gefallen ist, ein Gewand anzieht… So enden die beiden Geschichten. Und genau darauf kommt es an. Beide Geschichten dürfen wir von ihrem Ende her lesen, von diesen beiden Gesten her. Gott schneidert Adam und Eva ein Gewand. Der gute Vater – eine Chiffre für Gott selbst – kleidet seinen Sohn neu ein.

Kein Wort der Verurteilung schließt die Erzählungen ab – und läßt uns allein mit unserem Scheitern, mit unserer Schuld, mit all dem, was uns entblößt, bedrückt und womit wir andere bedrücken. Statt dessen eine Handreichung, eine sanfte, zarte, teils sogar überschwengliche Geste der Einkleidung oder der »Investitur«: Einsetzung oder Wiedereinsetzung in neue Möglichkeiten, die verwirkt schienen.

Wenn wir in unserer alltäglichen Sprache sagen, daß jemand nackt und bloß dasteht – dann meinen wir, er oder sie sind entblößt, blamiert, fertig, am Ende, alle Chancen vertan.

Von der Sprache läßt sich so manches Mal auf Erfahrungs- und Erlebniswerte zurückschließen, die zu derartigen Worten geronnen sind. So auch hier, allgemein und ziemlich persönlich. Es dürfte für die meisten von uns recht einfach, aber gleichzeitig oft genug auch sehr beschämend sein, sich an die Situationen zu erinnern, in denen wir nackt, ausgezogen dagestanden haben: ertappt bei einem Fehler, ertappt bei einer Schuld, in die wir uns verstrickt hatten, oder wenn wieder einmal ein Traum zerbröselt ist, eine Hoffnung sich in Luft aufgelöst hat. Die Liste läßt sich weiterstricken.

Nein, kein angenehmes Gefühl. Nackt sein heißt hier schutzlos sein. Ich habe nichts mehr dagegenzusetzen, ich kann nichts verbergen, ich habe mir eine Blöße gegeben.

Eine leider alltägliche, aber schlimme Erfahrung!

Genauso stehen die drei da, Adam, Eva, der namenlose junge Mann. Blamierte Stellvertreter, Stellvertreterinnen der Gattung Mensch: hohe Ansprüche am Anfang, am Ende nichts davon übrig.

Die Schriftsteller, die das Buch Genesis zusammengestellt und das Lukasevangelium geschrieben haben, wissen um diese menschliche Situation, wissen darum, wie es ist, schutzlos und nackt dazustehen.

Aber sie wissen eben noch mehr zu erzählen – und geben damit dem Bild von Gott als Schneider weitere Farbtupfer: Da ist einer, der in allem und nach allem, was uns so geschieht, wenn wir uns ganz ernsthaft vergaloppieren, Schmerzen erleiden und zufügen, die Hand frei hat, uns neu einzukleiden. Und das heißt – ganz wörtlich: Uns soll wieder warm werden, wenn wir gefroren haben in der Kälte der eigenen Schuld, uns soll wieder warm werden, wenn wir den kalten Blicken derer ausgeliefert waren, die uns bis auf die Haut ausgezogen haben, uns dem Spott und der Lächerlichkeit preisgegeben haben.

Und als wäre diese kleine zarte Geste nicht schon hoffnungsvoll genug – das Evangelium setzt noch eins drauf. »Das beste Gewand« muß her, nicht nur die letzten »verhauten Klamotten aus der Mottenkiste« (was ja immerhin schon einiges wäre, wenn man gar nichts mehr hat, seine inneren und äußeren Blößen zu bedecken vor den gierigen Blicken derer, vor denen wir beschämt dastehen) – nein, das beste Gewand aus der

Werkstatt, aus der Produktion muß her. Damit es uns wieder warm wird.

Das letzte Wort hat – trotz aller Schuldfasern, in die wir uns einspinnen mögen – dieser Schneidergott, der uns nicht nackt im Regen stehen lassen will.

Gott als Camper

Aus dem Buch Exodus (Ex 33,7–11)

Mose nahm das Zelt und schlug es für sich außerhalb des Lagers auf, in einiger Entfernung vom Lager.
Er nannte es Offenbarungszelt.
Wenn einer den Herrn aufsuchen wollte, ging er zum Offenbarungszelt vor das Lager hinaus.
Wenn Mose zum Zelt hinausging, erhob sich das ganze Volk. Jeder trat vor sein Zelt, und sie schauten Mose nach, bis er in das Zelt eintrat.
Sobald Mose das Zelt betrat, ließ sich die Wolkensäule herab und blieb am Zelteingang stehen.
Dann redete der Herr mit Mose.
Wenn das ganze Volk die Wolkensäule am Zelteingang stehen sah, erhoben sich alle und warfen sich vor ihren Zelten zu Boden.
Der Herr und Mose redeten miteinander Auge in Auge, wie Menschen miteinander reden.
Wenn Mose aber dann ins Lager zurückging, wich sein Diener Josua, der Sohn Nuns, ein junger Mann, nicht vom Zelt.

Aus dem Johannesevangelium (Joh 1,1–14)

Im Anfang war das Wort,
und das Wort war bei Gott,
und das Wort war Gott.
Im Anfang war es bei Gott.
Alles ist durch das Wort geworden,
und ohne das Wort wurde nichts, was geworden ist.
In ihm war das Leben
und das Leben war das Licht der Menschen.
Und das Licht leuchtete in der Finsternis,
und die Finsternis hat es nicht erfaßt.
Es trat ein Mensch auf, der von Gott gesandt war, sein Name war Johannes. Er kam als Zeuge, um Zeugnis abzulegen für das Licht, damit alle durch ihn zum Glauben kommen. Er war nicht selbst das Licht, er sollte nur Zeugnis ablegen für das Licht.
Das wahre Licht, das jeden Menschen erleuchtet,
kam in die Welt.
Er war in der Welt,
und die Welt ist durch ihn geworden,
aber die Welt erkannte ihn nicht.
Er kam in sein Eigentum,
aber die Seinen nahmen ihn nicht auf.
Allen aber, die ihn aufnahmen,
gab er Macht, Kinder Gottes zu werden,
allen, die an seinen Namen glauben,
die nicht aus dem Blut,
nicht aus dem Willen des Fleisches,
nicht aus dem Willen des Mannes,
sondern aus Gott geboren sind.
Und das Wort ist Fleisch geworden
und hat unter uns gewohnt.

Gott als »Camper«. – Das ist nun freilich ein Gottesbild, das arg fremd anmutet. Aber vielleicht ist es auch nur das Wort »Camper«, das uns ein bißchen schräg vorkommen mag.

Es klingt nach Rucksack und Schlafsack, Zeltlager, Urlaub und ähnliches mehr. Aber ein Gott, der campt – die Nacht über auf dem Boden in freier Natur?

Wenn wir uns jedoch auf diese beiden Texte aus dem Alten und dem Neuen Testament einlassen und hinhören, dann ist der Gedanke so abwegig nicht, daß Gott einer ist, der zeltet.

Blenden wir kurz zurück: Die Episode aus dem Buch Exodus erzählt vom Volk Israel, das unterwegs ist in die Freiheit. Hinaus aus der Sklaverei in Ägypten. Eine lange, beschwerliche Geschichte liegt hinter ihnen, ein langer, nicht minder beschwerlicher Weg vor ihnen. Sie haben die Brücken abgebrochen, sind wirklich mit Sack und Pack unterwegs. Aber es ist kein Camping-Urlaub; ein Abenteuer, aber kein Abenteuer-Urlaub. Sie sind ausgerissen und beginnen sich abgerissen zu fühlen. Zwar sind sie frei, ungebunden, aber auch hauslos und verletzlich. Der Weg hat Tücken, es gibt Probleme. Aber die Israeliten haben Begleitschutz.

Denn draußen auf den Zeltplätzen und Rastplätzen, bei den Zwischenstopps und Pausen, draußen vor den Lagern der Israeliten – da campt in seinem Zelt Moses. Und es campt da draußen Gott. Kein Geringerer als er in einem besonderen Zelt, in dem er seinem Volk nach- und mitzieht – das Offenbarungszelt.

»Wenn einer Gott aufsuchen wollte von den Israeliten, dann ging er einfach in das Zelt.« – So simpel das klingt, so einladend einfach es sich anhört, es ist eine umwerfende Botschaft. Gott: immer in Reichweite,

einen Spaziergang weit weg, nicht in fernen Hinter- und Überwelten, nicht auf unerreichbaren Berggipfeln oder Inseln.

Seltsame Szenen spielen sich da ab, wenn Moses zu diesem Gotteszelt geht, an den Zelteingang herantritt. Geht er hinein, kommt er völlig verwandelt, von innen her strahlend heraus. Ein Zeichen mehr dafür: da ist Gott zu treffen. Da geschieht etwas mit Menschen.

So erzählt uns das Alte Testament – von seinem Gott, der ein Camper ist.

Und das Neue Testament schließt sich nahtlos an:

Der Johannes-Prolog, der Eingang und Einstieg in das vierte Evangelium, nimmt den Faden wieder auf. Diesmal wird von Jesus erzählt. Auch er ist mit Zelt unterwegs.

Das wird deutlicher, wenn wir auf die Tonart der Übersetzung der Passage durch Fridolin Stier hören, ganz nahe am griechischen Originaltext:

»Und ER« – gemeint ist Jesus – *»Und ER, das Wort, ward Fleisch, zeltend unter uns …«*

»Zeltend unter uns…« – das ist genauer als das blasse »hat unter uns gewohnt«, das uns die Einheitsübersetzung liefert.

Da ist sie wieder, die etwas schräge und ungewohnte Vorstellungsskizze aus dem Alten Testament.

Vielleicht sollten wir noch ein bißchen weiter in dieses Gottesbild hineinkriechen, um deutlicher zu spüren und klarer zu sehen, was da eigentlich an Botschaft über Gott, an Erfahrung mit ihm zu uns transportiert wird.

Ein zeltender Gott, ein Camper-Gott – das heißt wohl auch: Er wohnt nicht zuerst in den Palästen – mit allem

Luxus und Schnickschnack, festem Dach über dem Haupt. Nein – wer auch nur einmal mit dem Zelt unterwegs war, weiß, daß das durchaus auch ungemütliche Seiten haben kann. Der Wind pfeift durch. Wenn es regnet, läuft die Brühe in den Schlafsack. Alles ist naß und klamm am nächsten Morgen. Nicht nur das reine Vergnügen. Wenn Gott bei uns zeltet, dann läßt er sich auf so einiges ein. Dann läßt er sich ein auf die Stürme und Klima-Umschwünge, wie sie auf der blanken Erde und bei Menschen losbrechen, zwischen Staaten und Gruppen veranstaltet werden, dann läßt er sich aber auch und gerade ein auf die Stürme, die an jedem von uns im Laufe des Lebens zerren.

Nicht in den Schutz fester Häuser begibt er sich – nein, in windige Zelte taucht er ein. Bodenkontakt – bei uns, mitten unter uns.

Gerade wenn es mein eigenes Lebenszelt umbläst, ist es gut, sich an dieses Gottesbild zu erinnern. Lebenszelt scheint mir dann allemal der treffendere Begriff zu sein als Lebenshaus. Wie leicht bläst es mich um – so stabil wie ein Haus bin ich oft genug nicht.

Ein zeltender Gott, ein Camper-Gott – das heißt wohl auch: Dieser Gott ist beweglich. Nicht festgemauert und starr an einem Ort. Mächtig, uneinnehmbar – so schauen unsere Kirchen und Tempel oft aus. Nein, dieser Gott kann am nächsten Morgen sein Zelt zusammenrollen und weiterziehen. Er kann dahin mitgehen, wohin wir unterwegs sind, ob wir uns verrannt haben oder geradlinig vorangehen.

Ein Gott, der zeltet, der ungemütlich haust, Wind und Wetter, Menschen und deren Leben ausgesetzt ist, jenseits der Paläste, Burgen und Häuser. Ein beweglicher Gott. Nahe bei uns. Der zieht mit, wohin unsere Touren uns treiben. Das hat eine ganz wichtige Folge: Gott bleibt in unserer Reichweite. Und wenn jemand mit ihm sprechen will, dann kann der einfach hingehen, hinzutreten zu den ganz unterschiedlichen Offenbarungszelten, die Gott aufgeschlagen hat, kann Auge in Auge mit ihm reden – so heißt es von Moses und Gott –, wie Menschen miteinander reden. Alles kann ich sagen, ihm sagen. Er ist erreichbar, gerade weil er sich nicht einbunkert, mit Zäunen und Mauern umgibt.

Gott unterwegs mit uns – auch wenn es ungemütlicher wird als in der warmen, in der guten Stube daheim oder in Luxushotels.

Gott – auf Augenhöhe mit den Menschen, mit Bodenkontakt.

Das Bild vom Camper-Gott gehört in unser Reisegepäck. Es beschwert es nicht zusätzlich, sondern erleichtert so manches für uns, die wir hier auch nur vorübergehend Gäste sind.

Gott als Bäcker

Aus dem Buch Exodus (Ex 16,9–15.31)

Mose sagte zu Aaron: Sag der ganzen Gemeinde der Israeliten: Tretet hin vor den Herrn; denn er hat euer Murren gehört.
Während Aaron zur ganzen Gemeinde der Israeliten sprach, wandten sie sich zur Wüste hin. Da erschien plötzlich in der Wolke die Herrlichkeit des Herrn.
Der Herr sprach zu Mose: Ich habe das Murren der Israeliten gehört. Sag ihnen: Am Abend werdet ihr Fleisch zu essen haben, am Morgen werdet ihr satt werden von Brot, und ihr werdet erkennen, daß ich der Herr, euer Gott, bin.
Am Abend kamen die Wachteln und bedeckten das Lager. Am Morgen lag eine Schicht Tau rings um das Lager. Als sich die Tauschicht gehoben hatte, lag etwas Feines, Knuspriges, fein wie Reif, auf der Erde.
Als die Israeliten das sahen, sagten sie zueinander: Was ist das? Denn sie wußten nicht, was es war.
Da sagte Mose zu ihnen: Das ist das Brot, das der Herr euch zu essen gibt.
Das Haus Israel nannte das Brot Manna. Es war weiß wie Koriandersamen und schmeckte wie Honigkuchen.

Aus dem Johannesevangelium (Joh 6,32–35)

Jesus sagte zu ihnen: Amen, Amen, ich sage euch: Nicht Mose hat euch das Brot vom Himmel gegeben, sondern mein Vater gibt euch das wahre Brot vom Himmel. Denn das Brot, das Gott gibt, kommt vom Himmel herab und gibt der Welt das Leben.
Da baten sie ihn: Herr, gib uns dieses Brot.
Jesus antwortete ihnen: Ich bin das Brot des Lebens; wer zu mir kommt, wird nie mehr hungern, und wer an mich glaubt, wird nie mehr Durst haben.

»Das Brot des Bäckers« – Unter diesem Titel war vor einigen Jahren ein Film in den Kinos zu sehen, der auf sehr einfühlsame Weise, zart, fast melancholisch den Alltag eines Bäckerjungen schildert, davon erzählt, wie sich dieser Junge erst langsam und Schritt für Schritt an seinen Beruf gewöhnen muß: an das frühe Aufstehen, wenn sich die anderen noch mehrere Runden im Bett umdrehen können, an die langen Stunden in der Backstube, an das Teig-Anrühren und -Kneten, an all den Mehlstaub, an die Hitze am Backofen. Und all das, damit die Leute rechtzeitig knuspriges, frisches, gutes Brot haben und er selbst ein Auskommen.

All das wird bebildert in sanften Pastellfarben, in sensiblen Sequenzen, weich und mit viel Ruhe erzählt.

Ein Film, ein Handwerk – und wieder ein paar Facetten, die ein Gottesbild anrühren und berühren.

Es nimmt nicht wunder, daß die Schriftsteller und Erzähler des Alten Testaments auch von einem Bäcker-Gott zu berichten wissen. Sie wissen, wie bedeutungsvoll dieser Beruf ist, wissen, was alles daran hängt, daß man genug Brot hat; wissen, was Brot bedeutet.

Kein Zufall also, daß uns die alttestamentlichen Erzähler davon berichten. Erzählen, wie Gott sein Volk auf dem Weg in die Freiheit, auf dem Weg aus Ägypten mit von ihm gebackenen Brot speist.

Brot ist Brot – zum Reinbeißen und ganz konkret. Aber Brot, das meint auch noch mehr; es ist Symbol, Zeichen für Leben, Lebensmittel, Überlebensmittel, damit wir über die Runden kommen, Zeichen für all das, was wir am dringendsten zum Über-Leben brauchen. Von da aus ist es nicht weit zu dem Satz: *»Ihr werdet satt sein von Brot am Morgen – daran werdet ihr erkennen, daß ich euer Gott bin.«*

Und es ist wichtig zu wissen, wo Gott seine Backstube einrichtet, den Backofen anwirft: mitten in der Wüste nämlich. Da ist nichts, kein Wasser, kein Brot, keine natürlichen Reserven und Vorräte. Die Wüste ist – so faszinierend sie auch bleibt in ihren vielen Formen und Arten – kein Platz für einfaches, schlichtes Überleben.

Genau diese Erfahrung machen die Israeliten auf ihrem Weg. Während ihres Zuges in die Freiheit beginnen sie langsam, sich an die sprichwörtlich vollen Fleischtöpfe, die gefüllten Regale in Ägypten zurückzusehnen. Damals waren sie zwar geknechtet, konnten sich nicht erlauben, sich frei zu bewegen, frei zu denken und zu fühlen, aber immerhin waren sie satt – so erinnern sie sich. Der Blick zurück, die Erinnerung als Fata Morgana?

In ihrer Situation sind solche Gedanken zwar ziemlich begreiflich, aber sie greifen auch kurz. Der Weg zurück würde einen großen Preis kosten, wäre ein Abweichen weg von dem, was Gott als Ziel versprochen hat. Die Mühen, die der weitere Weg zu den Verheißungen noch kostet, würden eingetauscht gegen Sklaverei und Unfreiheit.

Wir sind zwar nicht in der Wüste, unsere Regale in den Läden, unsere Kühlschränke zu Hause sind gut gefüllt, Brotsorten gibt es in großer Vielfalt (zumindest in unserem Land). Aber ich glaube, daß es in unseren eigenen Lebensgeschichten durchaus vergleichbare Situationen gibt.

Und die schauen etwa so aus: Ich bin aufgebrochen aus einem vertrauten Gelände, in dem es mir zu eng geworden ist: ein Ortswechsel vom Dorf in die Stadt beispielsweise, ein Schulwechsel, ein Berufswechsel und ähnliches mehr. Der Aufbruch ist getragen von vollem Elan und Vorfreude. Was wartet da alles auf mich? Was kann ich noch alles entdecken an Leben, an Menschen? Aber nach den ersten Schritten oder nach ein paar Etappen wird mir klar: Der Anfang hat einigermaßen geklappt, vorwärtsgekommen bin ich, alles schön und gut. Und jetzt? Jetzt finde ich mich irgendwo dazwischen, bin vom Ursprungsort schon reichlich weit weg, aber angekommen bin ich eben auch noch nicht. Das Ganze dauert doch länger, ist anstrengender, unübersichtlicher, wird alltäglicher und banaler, als ich zunächst in meiner Entdeckerfreude gedacht habe.

Ein heikler, sensibler Punkt, dieses Dazwischen. Die Kraft, der Atem, die Über-lebens-mittel werden knapp. Der Schwung auf meiner Entdeckungsreise verflacht. Der Blick zurück drängt sich da leicht auf und die verführerischen Fragen wie: War früher nicht alles einfacher? Habe ich mich früher nicht besser ausgekannt, genauer gewußt, wo es was zu Beißen gibt für mich, wo meine Quellen sind?

Das ist eine durchaus ähnliche Situation wie die des Volkes Israel auf seiner langen Wanderung durch die Wüste in die Freiheit.

Meine eigene lange Wanderung der Menschwerdung, der Reifung, des Ausschreitens in neue Erfahrungsterritorien kann an manchen Punkten auch so ausschauen.

Gerade deshalb muß sich Israel an seinen Gott erinnern, erinnern lassen: Er ist einer, der an diesen sensiblen Stellen und Passagen auftauchen will – zum Beispiel als Bäcker, der früh aufsteht, damit das Brot rechtzeitig fertig ist für die, die es gerade am nötigsten brauchen, der hart arbeitet, daß es ankommt, der eine knusprige und bunte Vielfalt an Brot, an Leben herbeizaubert. Weiß wie Koriandersamen und süß wie Honigkuchen. Damit wir auf unseren Wegen durch dieses Wanderleben nicht verhungern; und: nicht nur nicht verhungern, sondern satt werden, lebenssatt auf diesem langen Weg zu uns selbst, zu den anderen und schließlich in allem zu Gott.

»Brot des Lebens«, sagt einer, »bin ich für euch!« – Damit eure Sehnsucht nach Leben, euer Hunger nach Leben gestillt wird, und ihr nicht kraftlos einbrecht auf eurem Weg.

Ein Wort zum Durchkauen und Ausschmecken! Proviant.

Gott als Trainer

Aus dem Buch Jesus Sirach (Sir 22,27–23,3)

Wer setzt eine Wache vor meinen Mund,
vor meine Lippen ein kunstvolles Siegel,
damit ich durch sie nicht zu Fall komme
und meine Zunge mich nicht ins Verderben stürzt?

Herr, Vater und Gebieter meines Lebens,
bring mich durch sie nicht zu Fall!
Wer hält eine Peitsche bereit für mein Denken
und eine Zuchtrute für mein Herz,
um ihre Vergehen nicht zu schonen
und ihnen keine Sünde zu gestatten,
damit meine Fehler sich nicht mehren,
meine Sünden sich nicht häufen,
und ich nicht zu Fall komme vor meinen Feinden,
so daß mein Gegner sich über mich freuen könnte.

Aus dem Matthäusevangelium (Mt 10,1–8)

Jesus rief seine zwölf Jünger zu sich und gab ihnen die Vollmacht, die unreinen Geister auszutreiben und alle Krankheiten und Leiden zu heilen.

Die Namen der zwölf Apostel sind:
an erster Stelle Simon, genannt Petrus, und sein Bruder Andreas,
dann Jakobus, der Sohn des Zebedäus, und sein Bruder Johannes,
Philippus und Bartholomäus,
Thomas und Matthäus, der Zöllner,
Jakobus, der Sohn des Alphäus, und Thaddäus,
Simon Kananäus und Judas Iskariot, der ihn später verraten hat.

Diese Zwölf sandte Jesus aus und gebot ihnen:
Geht nicht zu den Heiden, und betretet keine Stadt der Samariter,
sondern geht zu den verlorenen Schafen des Hauses Israel.
Geht und verkündet: Das Himmelreich ist nahe. Heilt Kranke, weckt Tote auf, macht Aussätzige rein, treibt Dämonen aus!

Das Gebet des Weisen um Selbstbeherrschung – so lautet die Überschrift, die in der Einheitsübersetzung dieser Passage aus dem Buch Jesus Sirach gegeben worden ist. Man könnte es auch gut »Gebet um einen guten Trainer« nennen. Der ist zwar durchaus einer mit der Knute, hart also, fordernd, der zu Bestleistungen antreibt, was manchmal sogar den Eindruck von Schinderei macht. Aber genau darum bittet der Weise: daß ihn einer darin trainieren möge, daß sein Mundwerk, seine Kolumnen in den Zeitschriften mit großen Lettern und Balkenüberschriften oder voreilige Tagebücher ihn nicht zu Fall bringen, daß er in Auseinandersetzungen bestehen kann, daß er vorbereitet und gewappnet ist.

Gottes Weisheit, Gott selbst als Trainer? Einer, der uns ins Trainingslager nimmt? Die Spur für dieses Gottesbild finden wir zum Beispiel auch im Buch des Propheten Hosea (7,15). Da sagt Gott von sich selbst – und der Prophet reicht das Wort weiter: *»Ich bin es, der ihre Arme geübt und gestärkt hat!«* – Gott ein Trainer, ein Übungsleiter, der seine Mannschaft aufstellt, formiert und ausbildet.

Es lohnt sich durchaus, den Blick einmal auf eine der Mannschaften zu werfen, die dieser Trainer-Gott, die Jesus ins Rennen, ins Spiel schickt, auch deshalb, weil uns oft genug vorgegaukelt wird, daß früher alles besser war, die Mannschaften der ersten Stunde einfach die pfiffigeren, eleganteren oder zweikampfstärkeren gewesen wären. Die Fußballhelden von Bern 1954 um Fritz Walter, die genialen Spieler 1974 um Franz Beckenbauer – aber heute?

Oder die Mannschaft der Heiligen, die der göttliche Trainer ins Feld schickte und noch schickt: alles Asse,

»1A«; mit denen können wir nicht mithalten. Wir sind ja doch bloß »Kreisklasse im Glauben«.

Manchmal ist Realismus auch entlastend, wenn so der Druck, den unerreichbare Vorbilder ausüben, weggenommen wird.

Schauen wir sie uns also ruhig einmal genauer an, diese Spieler der ersten Stunde. Dann wird nämlich noch deutlicher, daß Jesus, als er sich diese Leute zusammenholte, keine Mannschaft von Weltstars, von Weltklassespielern zusammengekauft hat.

Die Frage stellt sich dann um so mehr, wie sie es geschafft haben, vom Gegner nicht an die Wand gedrückt, in die eigene Hälfte zurückgedrängt zu werden. Und dieser Gegner ist ja eigentlich die ganze Umwelt, die sie nur für Spinner halten muß – diese Zwölf und die anderen Frauen und Männer.

Schauen wir uns die Mannschaftsaufstellung ruhig einmal an.

Zuerst Petrus: »Fels« heißt er. Der Mannschaftskapitän zwar, doch so tadellos auch wieder nicht. Wie oft hat er den Mund reichlich voll genommen! Sehr temperamentvoll, überschwenglich, aber auch kleinlaut, wenn er versagt hat. Ein Stichwort dazu genügt: »Bevor der Hahn dreimal kräht...«

Andreas, sein Bruder. Von ihm wissen wir wenig. Ein paar Sätze aus seinem Mund, verstreut auf die Evangelien. Sicher nicht die große Nummer – aber wohl einer, der Jesus gegenüber so etwas wie Liebe auf den ersten Blick empfindet. Immerhin, sie wird halten bis zum letzten Atemzug.

Noch zwei Brüder, die aufgestellt werden: Jakobus und Johannes. Ihr Spitzname verrät eine Menge: Donnersöhne sind sie, unbeherrschte Draufgänger. Sie wollen sich die besten Plätze im Himmelreich sichern – und tappen damit bei Jesus und den anderen Jüngern erst einmal in die Abseitsfalle. Sie brauchen eine Weile, bis sie kapieren, worum es eigentlich geht.

Im nächsten Atemzug laufen Philippus und Bartholomäus auf den Platz. Bartholomäus – einer, der zunächst von Vorurteilen besetzt ist: Als Philippus ihm Jesus vorstellen will, platzt er heraus: Aus Nazaret? Da kommt doch nichts Gescheites her! Immerhin bleibt Philippus am Ball und kann ein Vorurteil umbiegen – und das ist keineswegs eine selbstverständliche Leistung.

Dann steht Thomas auf dem Spielerbogen, der gute Thomas, der Kritiker und Skeptiker. Wirklich ein naher Verwandter von uns allen. Erinnern wir uns: »Wenn ich nicht meine Hände an deine Seite lege, die Male deiner Wunden sehe, dann kannst du mir viel erzählen, dann glaube ich dir nicht!«

Den nächsten hätte kein Trainer einwechseln wollen: Matthäus (nicht Lothar) – Zöllner ist er, Geldmensch, Ausbeuter, Kollaborateur. Mit dem will man nichts zu tun haben – es reicht schon der dienstliche Umgang, wobei der Zöllner immer schön schröpft. Menschlichkeit und Mitleid spielt er trickreich aus. Keine gute Adresse!

Dann Simon Kananäus, der Zelot – der kann allenfalls den Linksaußen spielen. Zeloten sind Revolutionäre, die gerne mit der Brechstange arbeiten, keine Freunde technischer Finessen, die aus den berühmten »Tiefen des Raumes« kommen und ihn mit genialen Pässen und Flanken öffnen. Nein, es geht einfach darum, die Abwehr des Gegners zu brechen. Mit der Brechstange für das Gottesreich? Vielleicht hat er noch so gedacht, als er dem Trainer oder Spielerbeobachter auffiel. Hoffentlich hat er seine Spielweise dann verändert. Gewalt ist keine Taktik, die der Trainer-Gott in seinem Trainingsaufbau geübt haben will.

Es bleiben der andere Jakobus, Sohn des Alphäus, und Thaddäus. Beide spielen so unauffällig, daß sie in der Montagsausgabe der Zeitungen keine Zeile bekommen, allenfalls das Prädikat »mannschaftsdienlich« oder – eher abwertend – »Wasserträger«. Die Stillen im Lande – nichts für die Nationalmannschaft …? Das kann man so nun auch nicht sagen. Was wäre ein Beckenbauer ohne seinen Georg Schwarzenbeck gewesen? Der hat die Wühlarbeiten geleistet, damit der andere ohne Sorge seine technischen Kabinettstückchen für die Galerie abliefern konnte.

Am Ende einer, der überhaupt nur schlechte Presse hat: Judas Iskariot.

Das ist die Mannschaft, die Jesus aufgesammelt hat. Und wenn ich sie so vor meinen Augen vorbeiziehen lasse, dann wundert es mich einfach um so mehr, daß dieser zusammengewürfelte Haufen ein echtes Team werden soll, das die Welt bewegt, das zusammen mit den Frauen und anderen eine Botschaft ausbreitet, für die das Feld nicht bereitet ist. Dann ist das schon ein Wunder.

Und es ist auch ein Wunder, daß diese unterschiedlichen Leute, die Hitzköpfe wie die Stillen unter ihnen, zusammenfinden und -bleiben.

Das ist das Team, das Jesus auf den Platz schickt. Und er schickt sie sozusagen ins Trainingslager: Euer Spielfeld ist nicht gleich die ganze Welt. Übt zuerst daheim, vor der Haustür in Israel, übt Evangelium leben und so befreit aufspielen! Heimspiele. Dann erst werdet ihr auf Welttour und in der »Champions League« auflaufen.

Ein kleiner bescheidener Anfang – und es wird was draus. Da muß ein besonderer Trainer dahinterstecken – und ein besonderer Geist, ein heiliger Team-Geist.

Gott als Quartiermeister

Aus dem zweiten Korintherbrief (2 Kor 5,1–4)

Wir wissen: Wenn unser irdisches Zelt abgebrochen wird,
dann haben wir eine Wohnung von Gott,
ein nicht von Menschenhand errichtetes ewiges Haus im Himmel.

Im gegenwärtigen Zustand seufzen wir und sehnen uns danach,
mit dem himmlischen Haus überkleidet zu werden.

Solange wir nämlich in diesem Zelt leben, seufzen wir unter schwerem Druck, weil wir nicht entkleidet, sondern überkleidet werden möchten, damit so das Sterbliche vom Leben verschlungen werde.

Aus dem Johannesevangelium (Joh 14,1–12)

Und Jesus sagte:
Euer Herz lasse sich nicht verwirren. Glaubt an Gott und glaubt an mich.
Im Haus meines Vaters gibt es viele Wohnungen.
Wenn es nicht so wäre, hätte ich euch dann gesagt: Ich gehe, um einen Platz für euch vorzubereiten?
Wenn ich gegangen bin und einen Platz für euch vorbereitet habe, komme ich wieder und werde euch zu mir holen,
damit auch ihr dort seid, wo ich bin.
Und wohin ich gehe – den Weg dorthin kennt ihr.

Thomas sagte zu ihm: Herr, wir wissen nicht, wohin du gehst.
Wie sollen wir dann den Weg kennen?

Jesus sagte zu ihm:
Ich bin der Weg und die Wahrheit und das Leben;
niemand kommt zum Vater außer durch mich.

Es wird wohl nicht ganz so selten vorkommen, denke ich: Man betritt zum ersten Mal eine fremde Wohnung, und eine Flut von Eindrücken stürmt auf einen ein. Eine bestimmte Atmosphäre, eine eigene Stimmung wirkt.

Die Blicke müssen gar nicht absichtlich schweifen. Es genügt schon der halbbewußte Eindruck, den Möbel, ihre Farben, ihr Stil, Raumaufteilung und die vielen anderen Details – Bilder, Photos an den Wänden, Bücher, CDs, ob Blumen oder Pflanzen da sind oder nicht – hinterlassen. Eine Einrichtung ist eine Art Gesamtkunstwerk. Sie verrät einiges vom Geschmack, von Vorlieben, von der Lebensgeschichte, auch von der Phantasie derer, die da wohnen.

Aber auch der Betrachter selbst bleibt nicht neutral. Irritiert ihn der Raum? Kann er sich wohlfühlen?

Sicher, man kann sagen, daß das alles ein wenig nach Neugier klingt. Und die ist sicher auch dabei – aber ich glaube, da spielt noch mehr eine Rolle. Hier findet das ganz tiefe und fest eingegrabene Gefühl ein Echo, daß eine Wohnung mehr ist als bloß ein Raum mit irgendwelchen Funktionen, mehr als nur der Ort, an dem ich schlafe, esse, mich erhole.

Nein, *wie* ich wohne, *wie* ich mich einrichte, hat immer ganz viel zu tun mit mir selbst. Meine Wohnung, mein Zimmer reden von mir, reden von meiner Art, von meinen Vorlieben, meinen Hobbies, meinen Beschäftigungen. Da stehen meine Lieblingsbücher, da hängen die Photos von Menschen, von Orten, die ich liebe, da stehen Erinnerungsstücke aus so manchen Episoden in meinem Leben.

Wenn wir uns vorsichtig dieser Dimension annähern, die weit über das Praktische und Funktionale hinausgeht, dann ist es kein Wunder, daß die Heilige Schrift, die immer wieder ganz urmenschliche Erfahrungen speichert, auch das Bild der Wohnung kennt.

Jesus redet vom Haus des Vaters, in dem viele Wohnungen sind. Da ist Platz für ganz unterschiedliche Einrichtungsgeschmäcker, für ganz bunte Lebensgeschichten und ihre Erinnerungsspuren und -stücke.

Und er, Jesus selbst, ist sozusagen der Quartiermeister und Quartiermacher für uns. Er geht voraus und richtet alles so her, daß wir uns heimisch fühlen können, daß wir diese Wohnung, die er uns vorbereitet, beziehen können – und dann endlich nicht mehr heimatlos durch die Gegend irren. Wir alle sind trotz unserer Häuser, Wohnungen oder Zimmer ja in gewisser Weise Obdachlose. Wir können uns so schön einrichten, wie wir wollen – ausziehen werden wir alle müssen. Unsere Mietverträge mit dem Leben sind begrenzt.

Und wenn wir zu ahnen lernen, was schon die Wohnung hier in unserem Leben für eine Bedeutung hat, daß sie von mir spricht, daß sie mich spiegelt – dann nimmt es nicht wunder, daß die Bibel hier an dieser Stelle das Bild aufgreift und sagt: Da ist einer, der bereitet euch ein Zuhause, aus dem euch niemand hinauskündigen kann. Da seid ihr daheim, da seid ihr sicher, da werdet ihr euch auskennen. Anders als in den vielen Zimmern und Wohnungen, durch die ihr so im Laufe eines Leben einziehen, ausziehen und umziehen müßt, haben die Wohnungen, die Jesus bereitet, eine Art, die zur Seßhaftigkeit einlädt.

Das rührt an ganz tiefe innere Schichten. Wenn ich mir so anschaue, was Leute alles an Kraft, an Zeit, an Geld investieren, um sich schöne, wohnliche Häuser zu bauen, in denen es sich leben läßt, dann deutet das in die gleiche Richtung. Derartige Anstrengungen nehme ich nur auf mich, wenn ich davon überzeugt bin, daß es sich lohnt, daß es das auch wert ist.

Wenn ich mir dann vor Augen führe, daß Jesus uns die meisten, die entscheidenden Wege zu den vielen Einrichtungs- und Möbelhäusern abgenommen hat, er die Wohnungen so zuschneidet und herrichtet, daß sie zu jedem einzelnen und seiner Lebensgeschichte passen, daß jeder einziehen kann mit den Gegenständen und Möbeln, mit denen die unverwechselbare Lebensgeschichte ausstaffiert war, dann kann ich nur staunen über den Platz und die Weite dieses Grundrisses.

Und Platz ist bei Jesus von Anfang an. Erinnern wir uns an ein Kapitel zu Beginn des Johannesevangeliums: Da kommen zwei Jünger und fragen Jesus, was er denn für einer sei. Und er sagt ganz einfach: »Kommt und seht!« – Er macht die Tür auf: Kommt mit, lebt ein paar Tage mit mir, und ihr werdet dann schon sehen, wer ich bin, wie ich mich eingerichtet habe.

Das ist nichts anderes als die Erfahrung, von der ich eingangs gesprochen habe. Meine Wohnung, mein Lebensfeld sagt eine Menge über mich aus. Jesus greift auf diese Urerfahrung zurück. Sein Zuhause (wie immer wir uns das vorzustellen haben in jener Zeit, in jenen zwei oder drei Jahren seiner Wanderpredigertätigkeit) sprechen von ihm, »predigen« über ihn – auch ohne viele Worte. Die beiden zukünftigen Jünger werden auch auf diesem Wege wohl noch einiges von ihrem Meister erfahren.

Was exemplarisch für die beiden Jünger des Anfangs gilt, bekommt dann in den Abschiedsreden Jesu, wie sie das Johannesevangelium zusammenstellt, nochmals eine eigene Wucht und Bedeutung über die Zeit des allerletzten Umzugs hinaus und trägt den Charakter einer Verheißung: Jesus geht als Quartiermacher voran, zieht um in sein ewiges Leben, um für die Nachzügler, die wir Menschen sind, alles so herzurichten, daß sie voller Vertrauen und auch voller Spannung ihre Umzugskisten hier auf Erden werden stehenlassen können – und doch einen Raum finden, in dem ihre ganze persönliche Geschichte gut aufgehoben sein wird.

Und noch eines, was von Bedeutung ist für die Zeit bis zu jenem letzten Umzug: Ein paar Seiten weiter im Johannesevangelium wird das Bild von dieser guten Zukunft, von den unkündbaren Wohnungen beim Vater nochmals auftauchen – und es wird umgedreht werden: *»Wer mich liebt, wird mein Wort festhalten. Und mein Vater wird ihn lieben, und wir werden zu ihm kommen und bei ihm wohnen!«* Da nimmt jemand bei uns seine Bleibe. Mögen unsere Aufenthaltsorte noch so vorübergehend sein, wir können es so einrichten, daß da ein göttlicher »Untermieter« bei uns einzieht und mitzieht. Im Möbelwagen »Leben« sitzt also außer uns selbst immer noch jemand. Der kann uns gut beim Tragen helfen (und nicht nur dabei).

Gott als Baggerführer

Aus dem Buch des Propheten Jesaja (Jes 49,8–13)

So spricht der Herr: Zur Zeit der Gnade will ich dich erhören, am Tag der Rettung dir helfen. Ich habe dich geschaffen und dazu bestimmt, der Bund zu sein für das Volk, aufzuhelfen dem Land und das verödete Erbe neu zu verteilen, den Gefangenen zu sagen: Kommt heraus!, und zu denen, die in der Finsternis sind: Kommt ans Licht!
Auf allen Bergen werden sie weiden, auf allen kahlen Hügeln finden sie Nahrung. Sie leiden weder Hunger noch Durst, Hitze und Sonnenglut schaden ihnen nicht. Denn er leitet sie voll Erbarmen und führt sie zu sprudelnden Quellen.
Alle Berge mache ich zu Wegen, und meine Straßen werden gebahnt sein.
Seht her: Sie kommen von fern, die einen von Norden und Westen, andere aus dem Land der Siniter.
Jubelt, ihr Himmel, jauchze, o Erde, freut euch, ihr Berge! Denn der Herr hat sein Volk getröstet und sich seiner Armen erbarmt.

Aus dem Buch des Propheten Jesaja (Jes 35,1–10)

Die Wüste und das trockene Land sollen sich freuen, die Steppe soll jubeln und blühen.
Sie soll prächtig blühen wie eine Lilie, jubeln soll sie, jubeln und jauchzen. Die Herrlichkeit des Libanon wird ihr geschenkt, die Pracht des Karmel und der Ebene Scharon. Man wird die Herrlichkeit des Herrn sehen, die Pracht unseres Gottes.
Macht die erschlafften Hände wieder stark und die wankenden Knie wieder fest! Sagt den Verzagten: Habt Mut, fürchtet euch nicht! Seht, hier ist euer Gott! Die Rache Gottes wird kommen und seine Vergeltung; er selbst wird kommen und euch erretten.
Dann werden die Augen der Blinden geöffnet, auch die Ohren der Tauben sind wieder offen. Dann springt der Lahme wie ein Hirsch, die Zunge des Stummen jauchzt auf. In der Wüste brechen Quellen hervor, und Bäche fließen in der Steppe. Der glühende Sand wird zum Teich und das durstige Land zu sprudelnden Quellen. An dem Ort, wo jetzt die Schakale sich lagern, gibt es dann Gras, Schilfrohr und Binsen.
Eine Straße wird es dort geben; man nennt sie den Heiligen Weg. Kein Unreiner darf ihn betreten. Er gehört dem, der auf ihm geht. Unerfahrene gehen nicht mehr in die Irre. Es wird keinen Löwen dort geben, kein Raubtier betritt diesen Weg, keines von ihnen ist hier zu finden. Dort gehen nur die Erlösten.
Die vom Herrn Befreiten kehren zurück und kommen voll Jubel nach Zion. Ewige Freude ruht auf ihren Häuptern. Wonne und Freude stellen sich ein, Kummer und Seufzen entfliehen.

Wege freischaufeln, Gelände begehbar, befahrbar machen – da gilt es kräftig hinzulangen. Es ist eine anstrengende, schweißtreibende Beschäftigung und Aufgabe, Straßen zu bauen, Straßen, die wirklich halten, die nicht gleich beim nächsten Regenguß unpassierbar werden, weil das Fundament aufweicht und statt einer Piste nur Schlamm und Morast bleiben. Erdrutsche werden dann zu unüberwindlichen Hindernissen. Verbindungen sind abgeschnitten – zwischen Dörfern, Städten und ganzen Regionen.

Daß Straßen Lebensadern sind, hat sich bis in Sprachbilder hinein verdichtet. Daß Straßenbau eine kulturelle Leistung von höchstem Rang war und ist, kommt einem vielleicht dann wieder in den Sinn, wenn man beispielsweise einmal in einem Bergtal gelebt hat und die Verbindungslinie zur Außenwelt, die vielleicht einzige Straße, die in das hochgelegene Dorf führt, im Winter von Schnee- oder sommers von Erdrutschen abgeschnürt und unterbrochen war.

Die Selbstverständlichkeit, mit der man heute auf festen, sicheren Straßen unterwegs sein kann, läßt oft genug vergessen, wie lange es für Menschen alles andere als selbstverständlich war, derartiges zur Verfügung zu haben, wie lange und intensiv, wie hart man darum kämpfen und dafür arbeiten mußte, daß Straßen in einem ordentlichen Zustand überhaupt befahrbar waren.

Man denke nur daran, wie lange es gedauert hat, bis nach dem Untergang des Römischen Reiches mit seinem enormen technischen Wissen um den Straßenbau dieses Wissen, das sich im Dunkel der Geschichte verloren hatte, wieder zurückgewonnen werden konnte.

Nicht nur die Römerstraßen mit all ihren Vorteilen für die Menschen damals, auch andere sind in ihrer Bedeutung hier einschlägig. »Seidenstraße«, »Goldene Straße« und wie sie alle, von Region zu Region, von Zeitspanne zu Zeitspanne verschieden, geheißen haben mögen – immer wieder geben die besonderen Namen auch Aufschluß darüber, welche Rolle diese Verbindungswege gehabt haben.

Der Austausch zwischen Kulturen damals, von Gütern, von Nachrichten und natürlich von Menschen ohne Pisten, ohne Fahrdämme, ohne die Autobahnen, Avenuen, Ringstraßen, Europastraßen, ohne die Boulevards, Alleen und Chausseen kleiner und großer Reichweite ist kaum vorstellbar.

Daß all diese Feststellungen nicht nur für Friedens-, sondern auch – und vielleicht sogar besonders – in Kriegszeiten gelten, verschärft den Befund eigentlich nur und läßt es besonders angezeigt erscheinen, ein paar Gedanken darauf zu verschwenden, wie das Thema Straße und Straßenbau sich auch in der Heiligen Schrift niederschlägt, in der Erfahrung Israels, in seiner Geschichte und in seinem Bild von Gott, der durch diese Geschichte mitzieht.

Wege, Pfade, oftmals Trampelpfade hat dieses Volk zur Genüge zu gehen, selten ganz freiwillig. Fluchtwege sind darunter, Irrwege, schmerzliche Wege in Exil und Gefangenschaft.

Die Straße unter den Füßen ist ein ständiges Thema, eine fortlaufende Erfahrung und wird von da aus zum Bild, zur Metapher. Fast zwangsläufig, möchte man hinzufügen.

Nimmt man diese historischen Erfahrungen Israels mit der grundlegenden Bedeutung von Straßen überhaupt zusammen, dann verwundert es wohl kaum mehr, daß sich das Alte Testament dazu aufschwingen kann, Gott selbst in der Straßenbaukolonne arbeiten zu sehen. Ob mit Schaufel oder Pickel, ob mit Preßlufthammer, Bagger und Planierraupe – einer ist da, der die Hindernisse aus dem Weg räumt, der selbst Hand anlegt oder zumindest die entscheidenden Hebel und Schaltknüppel bewegt: damit sich etwas *bewegt*, damit sich *jemand* bewegen kann:

»Alle Berge mache ich zu Wegen, und meine Straßen werden gebahnt sein.«

Meine Straßen bahne *ich* – die »weglose«, nicht selten auch ausweglose Wüste wird von Gott selbst planiert, so läßt er den Propheten ausrichten. Gott selbst wird Hand anlegen. Die Verheißungen neuer Fahrbahnen, Verheißungen, in denen sich das Angesicht der Erde sehr handgreiflich ändert, stehen in einem endzeitlichen Zusammenhang. Die Trassen, die Gott durch die Wüste schlägt, führen nicht nach nirgendwo, sondern sind Mittel zu einem Ziel. Und die Hymnen, die in diese Bilder eingebetteten Psalmen und Lieder, die den Straßenbau flankieren, sind gute alte »Roadsongs«, besingen die Freiheiten, die neuen Möglichkeiten, die unbegrenzten Möglichkeiten, die hinter der letzten Kurve warten werden.

Zugleich verknüpfen sie die Hoffnungsbilder mit dem, der die Straßen baut. Gottes Wanderbaustellen – sie werden nicht erlebt als Hindernisse, die Staugefahr hervorrufen, werden nicht erlebt als ökologisch fragwürdig, sondern als unabdingbare Voraussetzungen, überhaupt ankommen zu können.

Auch das kann in eine Straßenszene gefaßt werden:

»Eine Straße wird es dort geben; man nennt sie den Heiligen Weg. Kein Unreiner darf ihn betreten. Er gehört dem, der auf ihm geht. Unerfahrene gehen nicht mehr in die Irre.«

Wenn das leicht mißverständliche Wort vom »Weg als Ziel« seine Berechtigung hat, dann an dieser Stelle: »heiliger Weg«, »heilige Straße« – zu verdanken dem, der sich da in die Hände spuckt, nicht bloß um irgendein Bruttosozialprodukt zu steigern, sondern um etwas erreichbar zu machen, was wirklich als Ziel firmieren kann: Heil, Frieden und Heil.

Mag der Zweck von Straßen vorrangig auch darin bestehen, jemanden möglichst ohne Hindernisse von A nach B zu bringen, sogar zu einem B, das als »Heil« markiert werden darf – es gibt noch eine andere Facette, die mit Straßen und Plätzen zu tun hat. Nicht die Steigerung der Geschwindigkeit, mit der man unterwegs ist, ist dabei das Ziel, sondern eher sogar das Gegenteil: Entschleunigung. Straßen und Plätze sind auch Orte der Öffentlichkeit, des Lebens, Raum zum Flanieren und Bummeln, Begegnungsräume.

Ich kann mich zeigen, kann mich sehen lassen, habe Gelegenheit, andere zu treffen, zwanglos, absichtslos (vielleicht nicht ganz, aber dem Gefühl nach geschieht genau das auf einer Piazza in Italien, einem Boulevard in Frankreich – und hoffentlich nicht nur dort!) – und auch diese Räume muß jemand freigeschaufelt haben, im konkreten wie im übertragenen Sinn.

Beide Perspektiven münden – kaum zufällig, wie mir scheint – bei dem Propheten Sacharja (8,2 ff.) in folgender Vision oder Audition:

Es erging das Wort des Herrn der Heere:
So spricht der Herr der Heere: Mit großem Eifer trete ich ein für Zion, ich setze mich glühend ein für Jerusalem.
So spricht der Herr: Ich kehre zurück nach Zion und wohne wieder in Jerusalem. Dann wird Jerusalem »Stadt der Treue« heißen und der Berg des Herrn der Heere »Heiliger Berg«.
So spricht der Herr der Heere: Greise und Greisinnen werden wieder auf den Plätzen Jerusalems sitzen; jeder hält wegen seines hohen Alters einen Stock in der Hand.
Die Straßen der Stadt werden voll Knaben und Mädchen sein, die auf den Straßen Jerusalems spielen.
So spricht der Herr der Heere: Wenn das dem Rest dieses Volkes in jenen Tagen zu wunderbar erscheint, muß es dann auch mir zu wunderbar erscheinen? – Spruch des Herrn der Heere.

So können sich Straßen auch füllen – Spielstraßen, planiert von einem, der Lebensräume eröffnen und Lebensbewegungen ermöglichen will.

Auch wenn man sich manchmal als Straßenkind vorkommen mag, unbehaust, unsicher, alle Orte nur vorläufig, jede Menge Abschiede und Aufbrüche – solange die Straße in den Händen des richtigen Straßenbauarbeiters ist, in den Händen *dessen*, der Hindernisse letztlich aus dem Weg schieben und wegbaggern will, solange sind die Chancen ziemlich groß, auch wirklich anzukommen.

Gott als Bandleader

Aus dem Buch Exodus (Ex 15,1–4.18–21)

Damals sang Mose mit den Israeliten dem Herrn dieses Lied; sie sagten: Ich singe dem Herrn ein Lied, denn er ist hoch und erhaben.
Rosse und Wagen warf er ins Meer.
Meine Stärke und mein Lied ist der Herr, er ist für mich zum Retter geworden. Er ist mein Gott, ihn will ich preisen; den Gott meines Vaters will ich rühmen.
Der Herr ist ein Krieger, Jahwe ist sein Name.
Pharaos Wagen und seine Streitmacht warf er ins Meer. Seine besten Kämpfer versanken im Schilfmeer …
Der Herr ist König für immer und ewig.
Denn als die Rosse des Pharao mit Wagen und Reitern ins Meer zogen, ließ der Herr das Wasser des Meeres auf sie zurückfluten, nachdem die Israeliten auf trockenem Boden mitten durchs Meer gezogen waren.
Die Prophetin Mirjam, die Schwester Aarons, nahm die Pauke in die Hand, und alle Frauen zogen mit Paukenschlag und Tanz hinter ihr her.
Mirjam sang ihnen vor: Singt dem Herrn ein Lied, denn er ist hoch und erhaben! Rosse und Wagen warf er ins Meer.

Aus dem Buch der Psalmen (Ps 150)

Halleluja! Lobt Gott in seinem Heiligtum, lobt ihn in seiner mächtigen Feste!

Lobt ihn für seine großen Taten, lobt ihn in seiner gewaltigen Größe!

Lobt ihn mit dem Schall der Hörner, lobt ihn mit Harfe und Zither!

Lobt ihn mit Pauken und Tanz, lobt ihn mit Flöten und Saitenspiel!

Lobt ihn mit hellen Zimbeln, lobt ihn mit klingenden Zimbeln!

Alles, was atmet, lobe den Herrn! Halleluja!

»Lassen Sie es mich so erklären: Während einer Vorstellung hält der Dirigent die Dinge zusammen, er achtet darauf, daß die Sänger sich an die richtigen Tempi halten, daß sie vom Orchester unterstützt werden, daß die Einsätze stimmen, daß keiner dem anderen davonrennt. Er muß auch darauf achten, daß sein Orchester nicht zu laut wird, daß die Crescendi sich aufbauen und dramatisch sind, gleichzeitig aber die Sänger nicht übertönen. Wenn der Dirigent so etwas hört, kann er die Musiker mit einer Handbewegung zurückpfeifen, oder indem er den Finger an den Mund legt.« Zur Illustration demonstrierte er die Gesten, die Brunetti in vielen Konzerten oder Opern beobachtet hatte.

»Und er muß in jeder Sekunde alles im Griff haben: den Chor, die Sänger, das Orchester, und sie in perfektem Gleichgewicht halten. Tut er das nicht, fällt die ganze Geschichte auseinander, und man hört nur noch Einzelteile, aber nicht die Oper als Ganzes.«

»Und in der Nacht, in der Wellauer starb?«

In der Nacht, in der dieser Wellauer starb, war alles anders. Der venezianische Commissario Guido Brunetti läßt sich bei seinen Untersuchungen zu einem mysteriösen Fall vom Musikprofessor Rezzonico die Bedeutung des Dirigenten erklären. So jedenfalls schildert es Donna Leon in ihrem Krimi »Venezianisches Finale«.

Und damit befinden wir uns näher an den beiden vorangestellten Abschnitte aus dem Alten Testament, als auf Anhieb zu sehen oder besser noch zu hören ist.

Keine Frage – die Exodus-Erzählung ist kein Krimi, spielt nicht in einer Stadt und hat mit Gondeln rein gar nichts zu tun. Spannend zu lesen ist sie jedoch allemal und nicht weniger spannend nachzuwandern.

Auch das Szenario mit Dirigent, Orchester und Chor in einem mondänen Opernhaus mit dem Szenario des Wüstenzuges zu vergleichen, erscheint etwas verwegen und vom Inventar her überzogen.

Aber wählen wir die Ausstattung nur eine Nummer kleiner, dann kommen wir der Sache erheblich näher – und das, ohne die wichtigen Vergleichspunkte aufgeben zu müssen. Setzen wir statt des Wortes »Dirigent« einfach das Wort »Bandleader«. Das gehört auch in den Bereich der Musik, aber in einen weitaus weniger pompösen und subventionierten. Es meint den Anführer eine kleinen Jazz-, Rock- oder Bluesformation. Seine Aufgabe ist die gleiche. Auch wenn er nicht im Frack, sondern erheblich hemdsärmeliger daherkommt, so hat er doch darauf zu achten, daß die Einsätze, die Tempi, daß Lautstärke und Sound stimmen – und daß die Musiker und Sänger seiner musikalischen Autorität und Inspiration folgen, wenn die Band ihre Songs spielt.

Die Nummer kleiner, das Ambiente verschwitzter und rauchiger – das paßt aus verschiedenen Gründen zu der Exodus-Truppe in der Wüste.

Sie sind kein Riesenorchester, keine Ansammlung von Stars, die sich ausgeruht an ihre Pulte und Notenständer begeben, die noch dazu in wohlklimatisierten Sälen stehen. Vielmehr hetzen sie von einem Auftritt zum anderen, von einer Bühne zur anderen, schleppen ihre Instrumente, ihr Instrumentarium selbst durch die Gegend und können von ihren Gagen kaum leben – aber sie haben doch ein Ziel vor Augen: endlich den großen Durchbruch zu schaffen.

So ungefähr können wir uns auch diesen kleinen Stamm Israel vorstellen: ständig »on the road«, auf Tour, auf Achse, nicht nur Spitzenleute, sondern jede Menge Anfänger – wenn man bei diesem kleinen »Stamm« in der Wüste überhaupt von »jeder Menge« reden kann. Zum Überleben haben sie gerade mal genug, aber – und das zählt – für ihren Aufbruch und Durchbruch ein großes Ziel vor Augen, das Versprechen, ein »verheißenes Land« zu erreichen.

Und sie haben einen »Bandleader« – Gott selbst. Was für die Ägypter wie eine aufsässige Bande ausschauen muß, die man wieder einfangen sollte, das ist seine Band: Israel.

Und dieser Bandleader, dieser Anführer – der eigentliche – schwingt den Stab. Die anderen, Mose und Aaron und wie sie heißen, spielen erste, zweite und dritte Geige unter seiner Leitung, auf seine Anweisungen hin. *Er* lehrt seine Band singen und den Takt halten, den »Groove« und den »Drive« immer wieder neu finden.

Bei ihren schwierigen Proben auf das Exempel der Befreiung und der Freiheit singen Mose und die Band der Israeliten zunächst keinen Blues, auch keinen Protestsong, sondern ein Lied, zu dessen Strophen sie ihr Leader, ihr Anführer angeleitet hat.

Der Text klingt nicht nach dem Flower-Power-Sommer von 1968, nicht nach »Make peace, not war!«, aber die Umstände sind auch keineswegs so. Der Song Israels vertont aber auch nicht nur die wehmütigen und schwerblütigen Erfahrungen von Sklaverei und die Träume einer irrealen Freiheit, die es nie geben wird – wie das so mancher Blues, so mancher Gospel von den US-amerikanischen Plantagen oder später aus den großen Industriemetropolen im elektrifizierten »City-Blues« tut. Intoniert wird vielmehr eine Hymne auf den

Bandleader, der zugleich der Anführer in eine Freiheit ist, die die Ketten abgesprengt hat.

Israel wird noch manche Gelegenheit haben, seinen traurigen oder zornigen Blues, seinen übermütigen oder dankbaren Song zu singen – davon gibt Israels Songbook, das Buch der Psalmen, mit Tonarten aus der ganzen Höhe und Tiefe, Länge und Breite menschlicher Erfahrungen noch beredt genug Zeugnis, aber jetzt ist erst einmal ein Freiheitssong an der Reihe. Den Takt, den Rhythmus gibt Gott, der Leader der Band, vor, den Ton nehmen auf Mose, Mirjam und die anderen.

Ziel wird der große Schlußakkord sein, wie ihn beispielsweise der Psalm 150 besingt. Auch wenn da nicht direkt vom Bandleader Israels der Einsatz gegeben wird – wenigstens nicht wörtlich –, so sind es doch seine Befreiungs- und Heilsstaten, die hier das gesamte Instrumentarium der Band zum Klingen bringen werden.

Aber weder für Israel als ganzes noch für seine Solisten ist es schon ganz soweit. Es gibt – bei der Bande, die vor den Ägyptern ausreißt, dann quer durch die Geschichte des Volkes, zuletzt auch bei uns selber – noch eine ganze Reihe von dissonanten, schiefen Akkorden, verpatzten Einsätzen, falschen Tönen und vergeigten Soli.

Auf dem Instrument »Leben« spielen will auch gelernt sein.

Aber genau dabei, so singen sich – in Moll und in Dur – die Israeliten zu und erinnern sich daran, daß es da einen Bandleader gibt, der noch die größte Anfängercombo in den Griff bekommen wird. Genau dabei dürfen *wir* uns erinnern an die Aufgaben des Dirigenten, des Bandleaders: » ... er achtet darauf, daß keiner dem anderen davonrennt,« daß sich die Crescendi des Lebens aufbauen, so dramatisch sie manches Mal auch sein mögen, und schließlich, daß die ganze Geschichte nicht auseinanderfällt.

Gott als Bandleader – den Job macht er, damit es nach etwas klingt, unser Leben, damit es Musik wird für unsere Ohren.

Gott als Bühnenbildner

Aus dem Buch Nehemia (Neh 8,1–9)

Das ganze Volk versammelte sich geschlossen auf dem Platz vor dem Wassertor und bat den Schriftgelehrten Esra, das Buch mit dem Gesetz des Mose zu holen, das der Herr den Israeliten vorgeschrieben hat.
Am ersten Tag des siebten Monats brachte der Priester Esra das Gesetz vor die Versammlung; zu ihr gehörten die Männer und die Frauen und alle, die das Gesetz verstehen konnten.
Vom frühen Morgen bis zum Mittag las Esra auf dem Platz vor dem Wassertor den Männern und Frauen und denen, die es verstehen konnten, das Gesetz vor. Das ganze Volk lauschte auf das Buch des Gesetzes.
Der Schriftgelehrte Esra stand auf einer Kanzel aus Holz, die man eigens dafür errichtet hatte. Neben ihm standen rechts Mattitja, Schema, Anaja, Urija, Hilkija und Maaseja, und links Pedaja, Mischaël, Malkija, Haschum, Haschbaddana, Secharja und Meschullam.
Esra öffnete das Buch vor aller Augen; denn er stand höher als das versammelte Volk. Als er das Buch aufschlug, erhoben sich alle.
Dann pries Esra den Herrn, den großen Gott; darauf antworteten alle mit erhobenen Händen: Amen, amen! Sie verneigten sich und warfen sich vor dem Herrn nieder … Die Leviten Jeschua, Bani, Scherebja, Jamin, Akkub, Schabbetai, Hodija, Maaseja, Kelita, Asarja, Josabad, Hanan und Pelaja erklärten dem Volk das Gesetz; die Leute blieben auf ihrem Platz.
Man las aus dem Buch, dem Gesetz Gottes, in Abschnitten vor und gab dazu Erklärungen, so daß die Leute das Vorgelesene verstehen konnten.

Der Statthalter Nehemia, der Priester und Schriftgelehrte Esra und die Leviten, die das Volk unterwiesen, sagten dann zum ganzen Volk: Heute ist ein heiliger Tag zu Ehren des Herrn, eures Gottes. Seid nicht traurig und weint nicht! Alle Leute weinten nämlich, als sie die Worte des Gesetzes hörten.

Aus dem Markusevangelium (Mk 3,1–6)

Als er ein andermal in eine Synagoge ging, saß dort ein Mann, dessen Hand verdorrt war.
Und sie gaben acht, ob Jesus ihn am Sabbat heilen werde; sie suchten nämlich einen Grund zur Anklage gegen ihn.
Da sagte er zu dem Mann mit der verdorrten Hand: Steh auf und stell dich in die Mitte!
Und zu den anderen sagte er: Was ist am Sabbat erlaubt: Gutes zu tun oder Böses, ein Leben zu retten oder es zu vernichten? Sie aber schwiegen.
Und er sah sie der Reihe nach an, voll Zorn und Trauer über ihr verstocktes Herz, und sagte zu dem Mann: Streck deine Hand aus! Er streckte sie aus, und seine Hand war wieder gesund.
Da gingen die Pharisäer hinaus und faßten zusammen mit den Anhängern des Herodes den Beschluß, Jesus umzubringen.

»Klappe, Markus, die dritte!« – »Vorhang auf für den Hauptdarsteller!« – so oder ähnlich könnte man die Szenerie untertiteln, die der Evangelist Markus zu Beginn des dritten Kapitels seiner Erzählung ins Bild setzt.

Das »Setting« – der Rahmen also – hat durchaus etwas von einem Bühnenaufbau an sich: geschlossener Raum, Zuschauer auf den Rängen ringsum – einige von ihnen werden als argwöhnische Beobachter der Inszenierung eingeführt –, ein Hauptdarsteller mit sprechender, ein Hauptdarsteller mit stummer Rolle.

Aber halt – der Hauptdarsteller mit der sprechenden Rolle ist mehr als nur das, mehr als nur einer, der seinen Part, seinen Text gut auswendig gelernt hat und seine Figur mit Leben erfüllt und ausfüllt.

Dieser Hauptdarsteller, Jesus, ist es, der die ganze Szenerie ja überhaupt erst zu einer Bühne umbaut, er ist der Dramaturg, der Bühnenbildner, der Regisseur und der Protagonist in einem. Nur durch seinen Auftritt wird diese Synagoge zu einer Bühne, auf der ein Schauspiel zu erleben sein wird, das an dieser Stelle (und an diesem Tag, dem Sabbat) sonst keinen Platz auf dem Spielplan hätte.

Durch Jesus wird die Synagoge zur Bühne, genauer gesagt durch seine Regieanweisung an den Mann mit der verdorrten Hand. Wäre sie unterblieben, wären die mißtrauischen Beobachter unter den Zuschauern auf den Rängen ebensowenig auf ihre Kosten gekommen wie der Kranke auf seine ganz anderen.

»Steh auf und stell dich in die Mitte!« – »Streck deine Hand aus!«

Mit diesen beiden Regieanweisungen funktioniert Jesus das Szenarium um. Nicht mehr der normale, ehrwürdige Synagogengottesdienst oder eine andere Veranstaltung in diesem Gefolge und Spielplan werden in diesem Moment gegeben, vielmehr hebt sich der Vorhang für ein Stück von anderer, aber keineswegs geringerer Tragweite und Bedeutung.

Es geht nicht in erster Linie um ästhetische Provokationen (wie bei so mancher Inszenierung in zeitgenössischen Theatern), auch nicht um die Entdeckung von dramaturgischem Neuland – in dem Stück, das da in Szene gesetzt wird, geht es um den Menschen selber, um seine Verwundungen, seine Verletzungen und um die Rolle, die der Mensch einnimmt.

Dieses »Steh auf und stell dich in die Mitte« ist dabei der Kernsatz der Inszenierung: Jesus weist den Kranken an, den Aufstand zu proben gegen all die inneren und äußeren Umstände, gegen körperliche und andere Hindernisse, die ihn daran hindern, den Platz einzunehmen, den ihm Gott als *der* Bühnenbauer, Jesus als *der* Dramaturg und *der* Thaumaturg zuweist: den Platz in der Mitte.

Da gehört der Mensch hin – mitten in die Synagoge, mitten auf die Bühne, mitten ins Rampenlicht, in den Mittelpunkt des Interesses und der Sorge darum, daß er seine Hand wieder bewegen kann, daß Kraft in seine ausgedorrten Muskeln zurückfließt und er von daher wortwörtlich sein Leben wieder in die Hand nehmen kann. Es bleibt unausgesprochen, warum der Mann behindert ist. Darüber fällt kein Wort, über Gründe wird nicht räsonniert (wie in anderen Szenen durchaus). Er selbst bleibt stumm, der Kommentator der Szene, der Evangelist Markus, ebenso, und auch Jesus verliert darüber kein Wort. Es steht nicht im Textbuch, daß der Blick sich forschend und fragend zurückrichten muß.

Die Betonung, die Emphase der Szene liegt darauf, daß der Angeschlagene in die Mitte gehört, mitten in den Blick Jesu, liegt auf dem neuen Spielplan für eine neue Saison, liegt auf der Zukunft und ihren neuen Rollen.

Der namenlose Mann spielt dabei in seiner stummen Hauptrolle nicht nur sich selbst, er gibt den Stellvertreter für alle die, die von ihren Beschwernissen, von ihren Verwundungen daran gehindert werden, ihr Leben selbst zu gestalten und an den Rand gedrängt sind, statt in der Mitte und aus der Mitte heraus leben zu können.

Die Botschaft des Stücks ist so knapp wie eindrucksvoll nachdrücklich in Szene gesetzt. Gott und damit für Jesus geht es darum, daß trotz aller Behinderungen und Hindernisse jeder einzelne für sich entschlüsseln kann: »Für Gott spiele ich eine Hauptrolle! Bei *ihm* sitze und stehe ich in der ersten Reihe!«

Und genau diese Botschaft wird durch die Wahl des Ortes noch unterstrichen: die Mitte der Synagoge – das ist der Ort der Tora, des Gesetzes, der Heiligen Schrift. Und das ist durchaus ebenso wörtlich und damit lokal zu verstehen. In der Mitte steht der Text gewordene Wille Gottes, das Rollenbuch für Israel.

Auch das ist Gegenstand einer Inszenierung geworden. Im Buch Nehemia, Teil einer größeren Geschichtserzählung des Volkes Israel, steht auf den »Brettern, die die Welt, die das Leben bedeuten«, Esra. Aber er hat, obwohl er redet und rezitiert, nicht selbst die Hauptrolle inne. Auf seiner Bühne – einer Kanzel, die man extra zu diesem Zweck zusammenzimmert – steht er und leiht dem eigentlichen Hauptdarsteller und Bühnenbildner seine Stimme. Zum Vortrag kommt das »Gesetz des Mose«, das Gesetz, das Gott seinem auserwählten Volk gegeben hat.

Das Gesetz steht erhöht – und ist somit Mittelpunkt des Interesses. Alle Augen und Ohren richten sich auf das, was da vorgelesen und erklärt, Abschnitt für Abschnitt wieder vorgetragen und wieder erklärt wird. Von sturer und bloßer »Gesetzesauslegung und -frömmigkeit«, von bloßem trockenen Gesetzesglauben allerdings darf man nicht sprechen – dazu ist die Szenerie emotional viel zu geladen: die Zuschauer sind nicht einfach bloß passiv, sondern erregt und bewegt, werfen sich auf den Boden, stellen sich hin, weinen.

Das hat seine Gründe: Die, die sich da um diese Kanzel, um die Bühne sammeln, auf der das Wort Gottes in Szene gesetzt wird, haben eine Reihe von Erfahrungen hinter sich, die sie alles andere als unberührt und unverletzt gelassen haben. Mit der Verlesung des Gesetzes betritt Israel nämlich selbst wieder die Bühne, die »Bühne der Geschichte«. Die traumatische und verletzende Erfahrung des Exils, der Verschleppung und Versklavung liegt hinter diesem kleinen Volk. Es hat seine eigene Geschichte über eine schmerzlich lange Phase der politischen, sozialen, der religiösen und moralischen Verwirrung nicht selbst in der Hand gehabt. Israel schien auszudorren.

Jetzt beginnt etwas Neues für Israel – und es beginnt damit, daß man den Willen Gottes, sein Gesetz, die Tora in den Mittelpunkt rücken will. Von daher – das unterstreicht die Szene – ist Heil und Heilung, ist Zukunft zu erwarten für das Volk und alle seine Glieder.

Ein Echo diese Uraufführung ist in der Rolle zu sehen, die die Torarolle in der Synagoge spielt – der zentrale Punkt, an dem sich Augen und Ohren, alle Sinne ausrichten, um genau in der Spur zu bleiben und nicht wieder als einzelner und als Gemeinschaft aus der Rolle zu fallen.

Von daher ist es kein Zufall, daß Jesus genau diesen Ort, die Mitte der Synagoge, auswählt, um hier etwas auf den Spielplan zu bringen, was von tiefstem Ernst und höchster Bedeutung ist: Der Mensch, gerade der verwundete und angeschlagene, hat eine Bedeutung, die jener der Tora gleichkommt. Der Mensch, gerade der verwundete und angeschlagene, ist eine Offenbarung Gottes. Hier soll sichtbar, mit allen Sinnen erfahrbar werden, was der Wille Gottes ist für jeden einzelnen wie für die Gesamtheit der Menschen: daß sie heil werden, daß sie ihre Geschichte wieder in die Hand nehmen sollen und können – und daß sie sich am besten dabei auf Gott und auf Jesus selbst verlassen, dabei aber nicht übersehen, welche Offenbarung in jedem Menschen selbst steckt.

Szenen, Bühnen, Theater – nicht nur eine moralische Veranstaltung, sondern eine heilsame, wenn es der *richtige* ist, der die Bühne baut und die Szene errichtet.

Und wozu das ganze Theater? Gestaltet um unseretwillen! Schlicht und ergreifend.

Gott als Imbißverkäufer

Aus dem Buch Exodus (Ex 12,1–11)

Der Herr sprach zu Mose und Aaron in Ägypten: Dieser Monat soll die Reihe eurer Monate eröffnen, er soll euch als der erste unter den Monaten des Jahres gelten. Sagt der ganzen Gemeinde Israel: Am Zehnten dieses Monats soll jeder ein Lamm für seine Familie holen, ein Lamm für jedes Haus. Ist die Hausgemeinschaft für ein Lamm zu klein, so nehme er es zusammen mit dem Nachbarn, der seinem Haus am nächsten wohnt, nach der Anzahl der Personen. Bei der Aufteilung des Lammes müßt ihr berücksichtigen, wieviel der einzelne essen kann. Nur ein fehlerfreies, männliches, einjähriges Lamm darf es sein, das Junge eines Schafes oder einer Ziege müßt ihr nehmen. Ihr sollt es bis zum vierzehnten Tag dieses Monats aufbewahren. Gegen Abend soll die ganze versammelte Gemeinde Israel die Lämmer schlachten. Man nehme etwas von dem Blut und bestreiche damit die beiden Türpfosten und den Türsturz an den Häusern, in denen man das Lamm essen will. Noch in der gleichen Nacht soll man das Fleisch essen. Über dem Feuer gebraten und zusammen mit ungesäuertem Brot und Bitterkräutern soll man es essen. Nichts davon dürft ihr roh oder in Wasser gekocht essen, sondern es muß über dem Feuer gebraten sein. Kopf und Beine dürfen noch nicht vom Rumpf getrennt sein. Ihr dürft nichts bis zum Morgen übriglassen. Wenn aber am Morgen noch etwas übrig ist, dann verbrennt es im Feuer! So aber sollt ihr es essen: eure Hüften gegürtet, Schuhe an den Füßen, den Stab in der Hand. Eßt es hastig! Es ist die Paschafeier für den Herrn.

Aus dem Markusevangelium (Mk 14,12–16.22–26)

Am ersten Tag des Festes der Ungesäuerten Brote, an dem man das Paschalamm schlachtete, sagten die Jünger zu Jesus: Wo sollen wir das Paschamahl für dich vorbereiten? Da schickte er zwei seiner Jünger voraus und sagte zu ihnen: Geht in die Stadt; dort wird euch ein Mann begegnen, der einen Wasserkrug trägt. Folgt ihm, bis er in ein Haus hineingeht; dann sagt zu dem Herrn des Hauses: Der Meister läßt dich fragen: Wo ist der Raum, in dem ich mit meinen Jüngern das Paschalamm essen kann? Und der Hausherr wird euch einen großen Raum im Obergeschoß zeigen, der schon für das Festmahl hergerichtet und mit Polstern ausgestattet ist. Dort bereitet alles für uns vor! Die Jünger machten sich auf den Weg und kamen in die Stadt. Sie fanden alles so, wie er es ihnen gesagt hatte, und bereiteten das Paschamahl vor … Während des Mahls nahm er das Brot und sprach den Lobpreis; dann brach er das Brot, reichte es ihnen und sagte: Nehmt, das ist mein Leib. Dann nahm er den Kelch, sprach das Dankgebet, reichte ihn den Jüngern, und sie tranken alle daraus. Und er sagte zu ihnen: Das ist mein Blut, das Blut des Bundes, das für viele vergossen wird. Amen, ich sage euch: Ich werde nicht mehr von der Frucht des Weinstocks trinken bis zu dem Tag, an dem ich von neuem davon trinke im Reich Gottes.

Flott muß es gehen. Das vor allem. Fast Food – Junk Food – Instant-Gerichte: Verpackung aufreißen, rein in die Mikro-Welle, rein in den Magen – ab durch die Mitte und weiter geht es. Alles schnell und hastig, reingewürgt zwischen Büro, Frittenbude und McDonald. Schnell muß es gehen – ja keine Zeit verlieren!

Eine Karikatur? – Sicher auch das, aber wer einmal – wo auch immer, in jeder auch nur halbgroßen Stadt, an normalen Tagen, besonders aber gegen Mittag – einen Blick auf die Menschen wirft, die durch die Straßen und Gassen hasten, der merkt schon, daß derartiges zu unseren Lebenswelten, zu unseren Alltagserfahrungen gehört.

Im Gehen, fast schon im Sprinten, sehr oft allein, nochmal schnell was »reingezogen« – denn ewig lockt die Frittenbude, der Döner, die Bratwurstsemmel und was nicht noch alles.

Essen, einen Happen »zwischen zwei Terminen« – und *die* scheinen allemal wichtiger, als sich die Zeit zu nehmen, etwas ausgiebig und ausgeklügelt vorzubereiten und es dann in aller Ruhe an einem Tisch miteinander zu genießen.

Gründe dafür gibt es viele und durchaus einleuchtende: unterschiedliche Arbeitszeiten, Schulzeiten, Schichtzeiten, man ist Pendler, Zeitmangel herrscht sowieso. All das macht es nötig, sich die Mahlzeiten flexibel zu organisieren, so wie es eben gerade in den Plan paßt.

Was also bleibt als Alternative zum gemeinsamen Tisch und die dafür nötige Zeit? Der Happen auf die Schnelle, »Essen zwischen zwei Terminen«.

»Fast Food« – schnelles Essen: das ist auch, wenn auch auf ganz eigene Weise und aus ganz eigenen Gründen, das Paschamahl, das im Buch Exodus geschildert wird. Auf dem Sprung sind sie, diese Israeliten. Für mehrgängige Menüs bleibt da kein Raum mehr. »Eßt hastig!«, heißt es da auffordernd und herausfordernd. »Habt eure Klamotten griffbereit!« Auch hier »Fast Food«. Aber ist es von der üblichen Art?

Einen gewaltigen Unterschied gibt es: Nicht um einen schnellen Happen zwischen zwei Terminen geht es hier, nicht darum, quasi im Vorbeigehen noch schnell was mitzunehmen für den »kleinen Hunger zwischendurch«.

Hier geht es um ein *Essen zwischen »zwei Welten«*: zwischen der Welt der Sklaverei, der Ausbeutung und der Unterdrückung, und der Welt des gelobten Landes, der Freiheit, die da eröffnet wird.

Der Stehimbiß »Paschamahl« gewinnt von daher seine Bedeutung. Israel ist auf dem Sprung, einer Einladung, einem Angebot zu folgen, das in der obersten Lage nach Freiheit schmeckt. Angerichtet und hergerichtet wird es von dem, der Israel dazu auffordert, sich so zu verhalten, als stünden sie an einer Imbißbude. Da haben sie etwas im Feuer.

Dieser Urszene mit ihrem hastigen Verschlingen und Herunterwürgen im Stehen haftet etwas an, was der Erinnerung wert bleibt.

Schon bei den nachfolgenden Generationen der Israeliten wird die Geschwindigkeit gedrosselt, die Hast herausgenommen. Wann immer sie dann Pascha feiern, die Gedanken zurückschweifen lassen, den ursprünglichen »Stehimbiß mit Gott« nachstellen, nehmen sie sich Zeit, um ordentlich durchzukauen, durchzukosten, was ihnen da zubereitet worden ist, ganz am Anfang, damals als sie auf den Geschmack gekommen sind.

Das Paschamahl ist jetzt nicht mehr ein schneller

Imbiß, sondern ein Fest, einmal jährlich eine ganze Woche lang, genau vorbereitet, genau ritualisiert. Sie schieben alle anderen Termine weg, denn sie wissen, dieses Mahl hat Nährwert und Erinnerungswert.

Und dieses Mahl – vermutlich – feiert Jesus mit den Seinen. Darauf läuft es zu. *Das* wird lebendig bleiben – bis jetzt. Sie bereiten vor, legen sich an die Tische, nehmen sich die Zeit. Sie wissen, der Weg zwischen den zwei Welten ist lang, anstrengend. Da braucht es Pausen. Da kommt man nicht mit Instant-Nahrung über die Runden.

Essen zwischen zwei Welten, nicht zwischen zwei Terminen, sondern zwischen Sklaverei und Freiheit.

Dazu, genau dazu sind wir eingeladen – auch und gerade weil wir die Woche über oft genug aus Dosen und von Fertiggerichten leben müssen, eingezwängt in unsere Termine, eingezwängt in unsere Fragen und Beklemmungen.

Eucharistiefeier, gemeinsames Mahl, gemeinsamer Tisch, vertrauter Rhythmus, diese 60 Minuten, die wir uns gönnen dürfen. Ein Stunde, in der wir nicht gefordert werden, keine Vorleistung oder Höchstleistungen zu bringen brauchen, in der wir abschalten, besser und genauer noch: umschalten können. Aus dem »Eßt hastig!« zu Beginn wird ein »Nehmt euch Zeit! Genießt es!«

Unterbrechung des Normalen und des oft so allesverschlingenden Taktes, den es vorgibt, Erinnerung daran, daß wir auf unserem Weg zwischen den zwei Welten immer wieder haltmachen dürfen, daß uns einer einlädt, Chancen eröffnet und Räume – und jede Menge Zeit.

Sich mitnehmen lassen von dem, was uns da zubereitet wird an Nahrung und Nährstoffen für die Sinne, für Augen und Ohren, für unseren Geschmack: die alten oder neueren Liedern, die vertrauten Gesten und Worte, das Brot, der Wein … – sich mitnehmen lassen und wissen, daß jetzt nicht an jeder Ecke wieder eine Überraschung lauert, auf die ich mich wieder mit Kraftaufwand neu einstellen muß.

Das soll Nährwert haben, das darf ausgekostet werden.

Fast Food? Nein, danke – wenigstens für *die* Stunde nicht. Eucharistie feiern miteinander ist, so gesehen, Unterbrechung der Normalzeit und Entdeckung der Langsamkeit, Rastplatz – damit wir den Weg schaffen, nicht nur zwischen zwei Terminen, sondern zwischen zwei Welten, in die Freiheit, die *Er* uns bereithält und die er uns schmecken, vorkosten läßt in dieser Stunde und in jeder derartigen.

Was aus einem Stehimbiß doch alles werden kann, wenn ihn der Richtige zubereitet …

Gott als Tankwart

Aus dem Buch Exodus (Ex 17,1–7)

Die ganze Gemeinde der Israeliten zog von der Wüste Sin weiter, von einem Rastplatz zum andern, wie es der Herr jeweils bestimmte. In Refidim schlugen sie ihr Lager auf. Weil das Volk kein Wasser zu trinken hatte, geriet es mit Mose in Streit und sagte: Gebt uns Wasser zu trinken!
Mose aber antwortete: Was streitet ihr mit mir? Warum stellt ihr den Herrn auf die Probe?
Das Volk dürstete dort nach Wasser und murrte gegen Mose. Sie sagten: Warum hast du uns überhaupt aus Ägypten hierher geführt? Um uns, unsere Söhne und unser Vieh verdursten zu lassen?
Mose schrie zum Herrn: Was soll ich mit diesem Volk anfangen? Es fehlt nur wenig, und sie steinigen mich.
Der Herr antwortete Mose: Geh am Volk vorbei, und nimm einige von den Ältesten Israels mit; nimm auch den Stab in die Hand, mit dem du auf den Nil geschlagen hast, und geh!
Dort drüben auf dem Felsen am Horeb werde ich vor dir stehen. Dann schlag an den Felsen! Es wird Wasser herauskommen, und das Volk kann trinken.
Das tat Mose vor den Augen der Ältesten Israels. Den Ort nannte er Massa und Meriba (Probe und Streit), weil die Israeliten Streit begonnen und den Herrn auf die Probe gestellt hatten, indem sie sagten: Ist der Herr in unserer Mitte oder nicht?

Aus dem Matthäusevangelium (Mt 10,40–42)

Wer euch aufnimmt, der nimmt mich auf, und wer mich aufnimmt, nimmt den auf, der mich gesandt hat.

Wer einen Propheten aufnimmt, weil es ein Prophet ist, wird den Lohn eines Propheten erhalten. Wer einen Gerechten aufnimmt, weil es ein Gerechter ist, wird den Lohn eines Gerechten erhalten.

Und wer einem von diesen Kleinen auch nur einen Becher frisches Wasser zu trinken gibt, weil es ein Jünger ist - amen, ich sage euch: Er wird gewiß nicht um seinen Lohn kommen.

»DEA – hier tanken Sie auf!« – Mit diesem doppeldeutigen Slogan wirbt der gleichnamige Mineraölkonzern für das dichte Netz seiner Tankstellen.

Daß man an Tankstellen sein Auto auftanken kann – Normal, Super, Bleifrei oder Diesel –, bedürfte eigentlich keiner großen Überzeugungsarbeit. Das darf man schlicht erwarten. Dafür sind solche Einrichtungen nun einmal gedacht.

Aber der Werbeslogan kommt einher mit einer eingängigen Musik und mit einer raschen Schnittfolge von Bildern, die suggerieren wollen: Hier, an unseren Tankstellen, geht es nicht allein um das Auto, seinen Motor, die Reifen. Hier wird nicht nur getankt, Öl gewechselt, Luftdruck kontrolliert, hier werden nicht nur Scheiben poliert und eine weitere Palette von Serviceleistungen »rund ums Auto« geboten.

Die Tankwarte, Frauen und Männer, die da zugange sind, hübsch bunt uniformiert, erwecken den Eindruck, daß es schlicht überhaupt kein Problem gibt, das sie nicht mit ihren Mitteln und Werkzeugen, mehr noch aber mit ihrer Kompetenz und freundlichen Seriosität beheben können.

Quengeln die Kleinen auf dem Rücksitz, weil die Fahrt zu lang und ihnen langweilig ist? Kein Problem, hier gibt es Spielzeug, Süßigkeiten, hier gibt es Comics und Bilderbücher!

Hängt die Zunge heraus, weil die sommerliche Autobahnfahrt in einem brüllend heißen Wagen stattfindet? Kein Problem, wir haben jede Menge an Drinks, süß oder sauer, mit oder ohne Koffein, mit oder ohne Zucker. Alles da, nur zugreifen müssen Sie selbst!

Ärgern Sie sich, weil es spät wird, bis Sie wieder nach Hause kommen, der Kühlschrank dort aber leer und die

Geschäfte schon alle geschlossen sein werden? Kein Problem, lassen Sie sich Zeit! Wir sind rund um die Uhr für Sie da. Und bei uns gibt es mehr als nur den Reiseproviant. Bei uns können Sie sich eindecken, bis der Kofferraum platzt.

Und dabei bleiben die freundlichen Tankwarte immer sauber, immer frohgemut (so ernst kann die Lage also gar nicht sein, heißt das, und: »Wir kriegen das schon hin!«), sind nie verschwitzt oder ölverschmiert. Unser Dienst für Sie – das Leichteste von der Welt und selbstverständlich sowieso.

»Nichts ist unmöglich?« (aber damit wären wir bei einem anderen Werbespot, der mittlerweile ein geflügeltes Wort kreiert hat). Allmachtsphantasien? Das Paradies eine Tankstelle?

Auch wenn der etwas kühlere Kopf und die nüchternere Überlegung sagt: Werbung muß übertreiben, schönen, überziehen, so bleibt die Botschaft doch haften: Da gibt es einen Ort an den Wegrändern, an den Seitenstreifen, wo Rundum-Service geboten wird an Leib und Seele und Motor.

Wie hochgeschraubt die Versprechungen auch sein mögen, die die Werbung macht, auf der anderen Seite gilt auch: Wer hat nicht schon das eine oder andere mal profitiert von den vielen Vorzügen, die Tankstellen und Rastanlagen mittlerweile zu bieten haben, seit sie zu mehr oder weniger großen Kaufhäusern mutiert sind! Nimmt man diese Ansprüche, aber auch die Erfahrungen und Erinnerungen an wirkliche kleinere oder größere Hilfe- oder Servicestellungen ernst, dann ist ein Weg nicht mehr arg weit.

Und der führt mitten in die Wüste Sin. Natürlich gibt es dort keine Autobahnen, geschweige denn Rasthöfe oder Tankstellen an den Wegrändern wie in unseren Tagen. Die Rastplätze, die die Israeliten auf ihrem Wüstenzug anpeilen müssen, schauen erheblich anders aus. Den Fahrplan und wann eine Pause einzulegen ist, bestimmen sie nicht einmal eigenhändig. Gott selbst ist es, so die Darstellung im Buch Exodus, der den Ort auswählt, wo die Zelte aufgeschlagen werden.

Lange Reisen machen müde und durstig. In der Wüste wird das noch erheblich deutlicher spürbar. Lange Reisen können zudem sehr auf die Nerven gehen. Und wie die Kleinen auf dem Rücksitz eines Autos irgendwann einmal unausweichlich anfangen werden, herumzukabbeln und zu quengeln, so beginnen auch die Israeliten nervös zu werden und zu streiten: »Papi, Duuuurst!« – Diese Feststellung, die eher eine Aufforderung ist, einen Rastplatz anzusteuern, kommt auch auf die Lippen der Israeliten.

Das ist kein Wunder, denn der Weg zieht sich, das Ziel kommt noch nicht so schnell in Sichtweite. Die Situation ist bekannt.

Genau in dieser Phase der Durststrecke tritt nun *der* auf den Plan, der für einen Rundumservice ganz eigener Art sorgt und der die erhitzten und aufgedrehten Gemüter beruhigen wird. Die Israeliten dürfen auftanken – und das in der vielfältigen Bedeutung des Wortes. Der Rastplatz ist vorbereitet. Aus dem Felsen wird Wasser kommen. Was Wasser in der Wüste, was es bei einer Durststrecke bedeutet, braucht hier kaum weiter ausgeführt zu werden. Es steht für all das, was am dringendsten benötigt wird, damit der eigene Motor weiterläuft, der innere wie der äußere.

Israel packt seine Erinnerung an den »Tankwart« Gott in seinen Tank, es ist der Brennstoff für die weiten Wege des Volkes Israel, für seine weiten, verschlungenen und oft kraft- wie nervenraubenden Wege durch die Geschichte, der Stoff, der das Volk am Laufen hält.

Gleichzeitig offenbart sich etwas von der Art Gottes selbst. Da ist ein Gott, der die Spur einstellen, die Unruhen auswuchten wird wie ein Automechaniker die Reifen, wenn es alles andere als rund läuft, einer, der rund um die Uhr offen hat – und der an den Wegrändern wartet, seinen bevorzugten Aufenthaltsorten.

Es verwundert wenig, wenn Jesus diese Erfahrungen mit und die Bebilderungen von Gott aufnimmt – und gerade das »Aufnehmen auf dem Weg« als eine Grundgeste weiterempfiehlt an die Seinen, eine Grundgeste, die von Gott selbst abgeschaut werden kann.

»Wer einem von diesen Kleinen auch nur einen Becher frischen Wassers zu trinken gibt …« – der arbeitet unmittelbar an den Rastplätzen und Auftankstellen, die Gott in einem dichten Netz über unser Leben ausbreiten und verdichten will.

Es sind Tankstellen der besonderen Art, die sich von denen, die die Werbung anpreist, schon allein deshalb unterscheiden, wenn man sich eine Einladung vor Augen führt, die der Prophet Jesaja aufspeichert:

»Auf, ihr Durstigen, kommt alle zum Wasser! Auch wer kein Geld hat, soll kommen. Kauft Getreide, und eßt, kommt und kauft ohne Geld, kauft Wein und Milch ohne Bezahlung!

Warum bezahlt ihr mit Geld, was euch nicht nährt, und mit dem Lohn eurer Mühen, was euch nicht satt macht? Hört auf mich, dann bekommt ihr das Beste zu essen und könnt euch laben an fetten Speisen.«

»Hier tanken Sie auf!« – keine Frage.

Da ist aber noch eine Kleinigkeit, noch eine Doppeldeutigkeit, genauerhin ein Anklang: »DEA – hier tanken Sie auf!« – die drei Buchstaben des Firmenkürzels ergeben das lateinische Wort »dea«, Göttin!

Ob bewußt oder unbewußt, die Phantasie von der Allmacht des Tankwarts (oder der Tankwartin) drängt sich da um so mehr auf. Diese Typen sind »göttlich«, weil sie die Zapfsäulen, Wasserhähne und die Reiseshops ständig offenhalten – für die auf dem Weg.

»DEUS – hier tanken Sie auf!«

Gott als Elektriker

Aus dem Buch Genesis (Gen 1,1.14–18)

Im Anfang schuf Gott Himmel und Erde; die Erde aber war wüst und wirr, Finsternis lag über der Urflut, und Gottes Geist schwebte über dem Wasser …

Es wurde Abend, und es wurde Morgen: dritter Tag.

Dann sprach Gott: Lichter sollen am Himmelsgewölbe sein, um Tag und Nacht zu scheiden. Sie sollen Zeichen sein und zur Bestimmung von Festzeiten, von Tagen und Jahren dienen; sie sollen Lichter am Himmelsgewölbe sein, die über die Erde hin leuchten. So geschah es.

Gott machte die beiden großen Lichter, das größere, das über den Tag herrscht, das kleinere, das über die Nacht herrscht, auch die Sterne.

Gott setzte die Lichter an das Himmelsgewölbe, damit sie über die Erde hin leuchten, über Tag und Nacht herrschen und das Licht von der Finsternis scheiden. Gott sah, daß es gut war.

Aus dem Lukasevangelium (Lk 2,25–32)

In Jerusalem lebte damals ein Mann namens Simeon. Er war gerecht und fromm und wartete auf die Rettung Israels, und der Heilige Geist ruhte auf ihm.

Vom Heiligen Geist war ihm offenbart worden, er werde den Tod nicht schauen, ehe er den Messias des Herrn gesehen habe.

Jetzt wurde er vom Geist in den Tempel geführt; und als die Eltern Jesus hereinbrachten, um zu erfüllen, was nach dem Gesetz üblich war, nahm Simeon das Kind in seine Arme und pries Gott mit den Worten:
Nun läßt du, Herr, deinen Knecht, wie du gesagt hast,
in Frieden scheiden.
Denn meine Augen haben das Heil gesehen,
das du vor allen Völkern bereitet hast,
ein Licht, das die Heiden erleuchtet, und Herrlichkeit
für dein Volk Israel.

»Licht aus!« Alles dunkel. »Spot an!« Klick. Einer legt einen Schalter um: ein Lichtkegel – und unter tosendem Beifall betritt ein lang erwarteter, heiß ersehnter Star die Bühne, tritt ins gleißende Scheinwerferlicht.

So ungefähr lief über Jahre (und vor mittlerweile einer ganzen Reihe von Jahren) das Ritual in einer Sendung mit Pop- und Disco-Musik ab. Die Sendung gibt es längst nicht mehr, aber in vielerlei Varianten wird das Ritual weitergespielt – bei Rockkonzerten, wenn die Hauptband aufläuft, neuerdings auch bei Parteitagen, wenn der Spitzenkandidat einzieht, und anderen vergleichbaren Großveranstaltungen.

Der, um den es im folgenden geht, steht dabei meist nicht im Rampenlicht, aber er ist der, der die Fäden, den Draht und schließlich die Schalter in der Hand hat.

Mögen es die »Roadies« und Bühnentechniker bei einem Rockspektakel sein, also die, die »on the road«, unterwegs dabei sind, die Kisten schleppen mit Boxen, Instrumenten, mit der Lichtanlage, Kabel, Stecker, Zangen, Scheinwerfer, Glühbirnen, heute an diesem Ort, morgen an einem anderen. Mag es der Mann am Mischpult sein, der die Lautstärke so regelt, daß alle Instrumente und Stimmen zum Zug kommen, oder der die Lightshow abfährt, mal den Hauptstrahler auf den Instrumentalsolisten, mal auf die Sängerin, mal die ganze Bühne ausleuchtend, dazwischen einige Spezialeffekte. Oder mögen es – im ganzen meist etwas dezenter – die Beleuchter in den Theatern sein. Sie alle zaubern Lichteffekte auf die Szene, die die Atmosphäre des Stücks, der Szene, die gerade gegeben wird, unterstreichen und verstärken.

Sie alle, diese Elektriker und Handwerker auf Tour oder in festen Häusern, wissen mit einem mittlerweile hochkomplizierten elektrischen und elektronischen Instrumentarium umzugehen – und sie wissen auch, daß ihre Arbeit unverzichtbar geworden ist. Auch das Publikum ist anspruchsvoller geworden, weiß, was technisch alles möglich ist – die Erwartungen sind dementsprechend groß. Kein größeres Rockkonzert, keine Bühne, die etwas auf sich hält, kann ohne die Beleuchtercrew auskommen.

Hält man sich dies alles vor Augen, dann erstaunt es um so mehr, wie simpel die Ausrüstung ist, mit der der erste aller Beleuchter – und der erste ist es, der das Licht anmacht, lange bevor es der letzte ausmachen kann – seine Bühne ausleuchtet, und wie ergreifend einfach, wie ergreifend schlicht die Schilderung davon gehalten ist.

Dabei ist die Show, die da ausgeleuchtet und unter Strom gesetzt werden soll, keineswegs unbescheiden. Es handelt sich ja nur um die ganze Schöpfung.

»Gott machte die beiden großen Lichter und setzte die Lichter an den Himmel …«

Lapidarer kann man es kaum sagen, ohne großes Brimborium. Da nimmt einer zwei Glühbirnen und schraubt sie in den Himmel – und fertig. Es folgt ein zufriedenes Sich-die-Hände-Reiben. Alles ist gut, Leuchtkörper, Himmelskörper in Ordnung. Jetzt ist alles im besten Licht.

Nun mag man angesichts der verwirrenden und manchmal reichlich unübersichtlichen Schalt- und Stromkreise in und über dieser Welt einwenden, daß eine derartige Erzählung von den ersten Schaltplänen reichlich unangemessen, weil für allzu schlichte Gemüter gebaut scheint. Unsere Vorstellungen, Hypothesen und Theorien davon, wie es zugegangen sein könnte, als das Licht anging, sind da erheblich ausgefeilter: Urknallhypothesen oder längere und kürzere Überlegungen zur Geschichte der Zeit und noch so manches andere mehr.

Schaut man aber genauer hin, dann verblüfft doch einiges gerade wegen der unaufgeregten Darstellung unaufgeregter Handwerker-, hier also Elektrikerdienste.

Da steht also einer, klaubt sich zwei verschieden große Glühbirnen aus der Tasche, schraubt sie in den Himmel, und so ganz nebenbei wird einer der Grundrhythmen von Leben eingeschaltet: Tag und Nacht.

Hält man eine Vielzahl von anderen Gründungserzählungen und -mythen über die Entstehung von Mensch, Welt und Weltall daneben, dann wird erst richtig deutlich, wie lässig, wie ruhig, wie friedlich das hier mit dem Elektrikermeister (das ist er schon!) Gott zugeht im Alten Testament. Keine blut- und kampftriefenden Götterduelle, keine Explosionen, keine Drachen und Fabelwesen, die aufeinander losgehen, daß die Fetzen fliegen – und die Fetzen und Trümmer dieses Kampfes dann schließlich als Sonne, Mond und Sterne weiter durch die Zeit sausen.

Für all dies und so manches weitere aus dem menschheitsweiten Inventar der Schöpfungsmythen gilt bei diesem Arbeitsbericht: Fehlanzeige.

Wenn im Alten Testament die Bühne ausgeleuchtet wird für das vielfältige und bunte, das anstrengende und spannende Leben, dann geht es zunächst einmal unangestrengt und locker zu. Das verrät etwas von wirklicher Souveränität und Könnerschaft.

Zudem – und das ist ein weiterer wichtiger Punkt, der angestrahlt wird, der ans Licht kommt – fällt auf, daß der, der die Schalter, die Drähte, die Leuchtkörper in der Hand hat, restlos alles in der Hand und im Griff hat. Die Lässigkeit des Meisters ist keine Nachlässigkeit.

Von daher erklärt sich auch, warum die Darsteller, die Erzähler Israels so knapp und ohne Pomp von ihrem Gott das Bild des Installateurs und »Elektrikers«, des Beleuchters der Bühne »Welt« zeichnen können. Von dessen Souveränität strahlt etwas ab: Ganz am Anfang, ganz hinten in der Tiefe der Zeit steht einer für Verläßlichkeit. Israel wird im Laufe seiner Geschichte sehr wohl erfahren, daß es die Finger in einem Zwei-Phasen-Stecker hat. Plus- und Minuspole wechseln sich schnell ab, die Frequenzen sind hoch, die Stromschläge heftig, Licht und Dunkel wechseln sich ab im Lauf der Zeit. Aber in und trotz alledem – auf den, der den grundsätzlichen Schaltplan entworfen hat, ist Verlaß.

Auch wenn in Israel die Lichter ausgehen, Stromausfall und Geistausfall herrschen mögen, auch wenn die Sicherungen herausfliegen – bei einzelnen und ganzen Gruppen: einer wird da sein, der die Schalter wieder in die richtige Position bringt, der in allen und trotz aller persönlichen und gemeinschaftlichen Kurzschlüsse das Licht für den richtigen Durchblick wieder anknipst.

Der Beleuchter von Israels Bühne und Geschichte – es mag dem auserwählten Volk manches Mal so ergangen sein, daß er gar nicht so sehr auffällt und aufstrahlt, während sie, die Menschen, auf der Bühne, die er ihnen doch ausleuchtet, allerlei Turbulenzen aufführen. Das Schicksal teilt der Beleuchter und Installateur mit vielen seiner Arbeitskollegen. Erst wenn das Licht ausgeht, es zappenduster wird, ruft man verzweifelt nach dem, der es wieder richten kann, der dann – aber bitte möglichst schnell – auftauchen soll (und möglichst, ohne die

Anfahrtswege zu berechnen). Dabei vergißt es sich aber leicht, daß er und seine Kollegen das ganze Instrumentarium ja vorher schon überhaupt erst hergerichtet und funktionsfähig gemacht haben.

Nun denn, er wird kommen und reparieren – in seinen lichten Augenblicken weiß Israel das genau, in den dunkleren ist die Versuchung groß, so zu tun, als hätte er seinen Auftrag vergessen …

Aber es gibt auch andere Möglichkeiten: zum Beispiel das geduldige, sehnsüchtige Warten des Simeon. Er weiß, daß sein Lebenslicht bald abgeschaltet werden wird, er weiß aber auch, daß das nicht geschehen wird, bevor ihm das Licht aufgegangen sein wird – jener, der kommen soll als Erleuchtung und Erlösung für alle und der aufscheinen, aufkreuzen wird vor Simeon.

Der wird es sein, der das Leben in ein ganz neues Licht tauchen wird mit seiner sanften, bezwingenden, unvergleichlichen und unnachahmlichen Art.

»Licht aus!« Alles dunkel. »Spot an!« Klick. Einer legt einen Schalter um: ein Lichtkegel – und unter tosendem Beifall betritt ein lang erwarteter, heiß ersehnter Star die Bühne, tritt ins gleißende Scheinwerferlicht.

So jedenfalls kommt *Er* nicht an, sondern erheblich leiser, wieder ohne Pomp, dafür aber von innen heraus strahlend, Leben ausstrahlend – für die vielen, für alle.

Gott als Weber

Aus dem Buch des Propheten Jesaja (Jes 38,9–20)

Ein Lied, das König Hiskija von Juda verfaßt hat, als er nach seiner Krankheit wieder genesen war:
Ich sagte: In der Mitte meiner Tage muß ich hinab zu den Pforten der Unterwelt, man raubt mir den Rest meiner Jahre. Ich sagte: Ich darf den Herrn nicht mehr schauen im Land der Lebenden, keinen Menschen mehr sehen bei den Bewohnern der Erde.
Meine Hütte bricht man über mir ab, man schafft sie weg wie das Zelt eines Hirten. Wie ein Weber hast du mein Leben zu Ende gewoben, du schneidest mich ab wie ein fertig gewobenes Tuch. Vom Anbruch des Tages bis in die Nacht gibst du mich völlig preis; bis zum Morgen schrei ich um Hilfe. Wie ein Löwe zermalmt er all meine Knochen. Ich zwitschere wie eine Schwalbe, ich gurre wie eine Taube. Meine Augen blicken ermattet nach oben: Ich bin in Not, Herr. Steh mir bei!
Was kann ich ihm sagen, was soll ich reden, da er es selber getan hat? Es flieht mich der Schlaf; denn meine Seele ist verbittert.
Herr, ich vertraue auf dich; du hast mich geprüft. Mach mich gesund, und laß mich wieder genesen!
Du hast mich aus meiner bitteren Not gerettet, du hast mich vor dem tödlichen Abgrund bewahrt; denn all meine Sünden warfst du hinter deinen Rücken.
Ja, in der Unterwelt dankt man dir nicht, die Toten loben dich nicht; wer ins Grab gesunken ist, kann nichts mehr von deiner Güte erhoffen.
Nur die Lebenden danken dir, wie ich am heutigen Tag. Von deiner Treue erzählt der Vater den Kindern.
Der Herr war bereit, mir zu helfen; wir wollen singen und spielen im Haus des Herrn, solange wir leben.

Aus dem ersten Korintherbrief (1 Kor 15,50–58)

Das aber versichere ich, Brüder: Fleisch und Blut können das Gottesreich nicht erben, noch erbt die Verweslichkeit die Unverweslichkeit.
Siehe, ich sage euch ein Geheimnis: Wir werden zwar nicht alle entschlafen, wohl aber werden wir alle verwandelt werden, und zwar in einem Nu, in einem Augenblick, beim Schall der letzten Posaune: die Posaune wird nämlich erschallen, und die Toten werden als Unverwesliche auferweckt werden, und wir werden verwandelt werden. Es muß nämlich dieses Verwesliche Unverweslichkeit anziehen und dieses Sterbliche Unsterblichkeit anziehen. Wenn aber dieses Verwesliche Unverweslichkeit angezogen haben wird und wenn dieses Sterbliche Unsterblichkeit angezogen haben wird, dann wird sich das Wort erfüllen, das geschrieben steht: »Verschlungen ward der Tod im Sieg. Wo ist, o Tod, dein Sieg? Wo ist, o Tod, dein Stachel?« Der Stachel des Todes aber ist die Sünde, die Kraft der Sünde aber das Gesetz. Doch Gott sei Dank, der uns den Sieg verleiht durch unsern Herrn Jesus Christus. Also, meine lieben Brüder, seid fest, weichet nicht von der Stelle, wachset unaufhörlich im Werke des Herrn; wißt ihr doch, daß eure Mühe nicht vergeblich ist im Herrn.

Eingewoben, verwoben in ein Danklied, in ein Gebet, das in einem Augenblick entstanden ist, der sich höchst lebensbedrohlich angefühlt haben muß. Eingewoben vom Propheten Jesaja, genauer von denen, die dieses Prophetenbuch komponiert haben: das Gebet des Königs Hiskija. Der regierte als 13. König in Juda von 725 bis 697 vor Christus. Ein international anerkannter Herrscher, der sich darum zu kümmern hatte, daß das Volk Israel nicht zwischen den Großmächten Ägypten und Assyrien zerrieben wurde. Ein gutes Jahrzehnt lang konnte er einen neutralen Kurs fahren. Dann wird diese Position immer schwieriger, und er trifft die Entscheidung, sich auf die Seite der Gegner Assyriens zu schlagen. Eine Periode von höchster politischer Brisanz – und die zeichnet ihre Spuren in die Biographie des Königs Hiskija. Er wird krank, wird geheilt. Das ist der Rahmen, in den dieses Gebet, dieses Lied eingespannt wird.

Und eingewoben in diese Zeilen ein Bild von Gott, das ihn als Weber vorstellt.

»Wie ein Weber hast du mein Leben zu Ende gewoben, du schneidest mich ab wie ein fertig gewobenes Tuch.«

An der eigenen Haut hat Hiskija erfahren, wie fragil, wie gefährdet seine Existenz an Leib und Seele ist. Freilich – er hat die Lage meistern dürfen, ist noch einmal davongekommen, aber der Nachklang, sanft hingehaucht, noch atemlos von der Bedrohung, bleibt spürbar.

Wie leicht zerreißbar so ein Leben ist! Eine Erfahrung, die sich auch in einem Psalm, dem 36., spiegelt:

»Du machtest meine Tage nur eine Spanne lang, / meine Lebenszeit ist vor dir wie ein Nichts. Ein Hauch nur ist jeder Mensch.«

Auch im Buch Hiob (7,6) – und interessanterweise mit der gleichen Bildfläche wie bei Hiskija – begegnet diese Erfahrung. Und Hiob ist wirklich einer, der davon zu erzählen weiß, wie leicht die Fäden reißen:

»Schneller als das Weberschiffchen eilen meine Tage, der Faden geht aus, sie schwinden dahin.«

Das Netz zerreißt, der Faden läuft aus, das Tuch abgeschnitten – keine Frage, in diesen zarten Andeutungen vom Weber-Gott, der am Webstuhl »Leben« sitzt, das Weberschiffchen hin- und hersausen läßt, spielt zunächst nicht die Vollendung des Werkstücks die vorrangige Rolle, sondern die Erfahrung von Bedrohung. Leben, eingespannt in einen Rahmen, aber eben auch oft genug bis zum Zerreißen angespannt.

Hiskija, Hiob und die vielen anderen: Sie sind verwoben in ihre Geschichte und Geschichten, die feineren und die kräftigeren Fäden, vielfältig in Machart und Farbe, ein Stoff, der viel zum Träumen hergibt, der viele Strickmuster und Webmuster parat hält, aber nicht nur durch Webfehler gefährdet, sondern von Haus aus dazu bestimmt ist, abgeschnitten zu werden.

Schnittstellen sind herbe Stellen. Selbst wenn der Faden zum eigentlichen Weber nicht endgültig abreißt – bei Hiskija nicht, nicht bei Hiob –: die Schnittkanten sind bedrohlich, auch wenn sie in Gottes Hand bleiben, der Weber-Gott hierbei etwas vollendet. Schnittstelle Tod – die große Schere. Alle Bindfäden zum Leben, zu anderen, alle Erinnerungen gekappt. Abgeschnitten, fertiggewoben die Textilie Leben.

Die bedrohliche Seite – das Leben an einem seidenen Faden. Das gilt aber keineswegs nur in jenen Augenblicken, in denen das »Tuch Leben« tatsächlich abgeschnitten zu werden droht, sondern stellt sich dar als ein Grundmuster überhaupt. Freilich fühlt sich das dann nicht mehr nur bedrohlich an, sondern auch herausfordernd. Die Schnittmuster, die das Leben überhaupt bietet, die Gott anbietet: sie werden in den je eigenen Händen verwoben (oder verstrickt) zu einer unverwechselbaren eigenen Geschichte.

Und da gelangen wir an einen Punkt, der in unserer Zeit in besonderer und neuer Weise zur Frage, zum Problem und zur Aufgabe wird. Früher waren Lebensgeschichten sehr bestimmt und sehr deutlich in einen vorgegebenen Webrahmen eingespannt – durch Geburt und Herkunft, durch gesellschaftliche Vorgaben und Abgrenzungen und vieles andere mehr. In diesem Rahmen verwoben sich die Lebensstoffe – trotz aller Unsicherheiten und mehr oder weniger übler Überraschungen – zu einer festen Fadenführung: Das Weberschiffchen lief in bestimmten Bahnen, schnell zwar, aber eben auch vorhersehbar. Das hat sich heute grundlegend verändert.

Viele abstützende und deshalb nicht selten auch eingrenzende Rahmen sind fortgefallen, die Freiheiten, eigene Muster zu wählen und zu entspinnen, demgemäß erheblich gewachsen. Gerade aus diesem Grund wird es mehr und mehr die Aufgabe jedes und jeder einzelnen selbst, den eigenen »roten Faden« zu entwickeln und aufzufädeln. Und das ist alles andere als leicht. Schaut man sich in diversen Lebensgeschichten um, dann wird sichtbarer, daß Risse, Brüche, Abschnitte, die sich deutlich abgrenzen und ablösen, immer deutlicher in die Webmuster einer Lebensgeschichte einweben.

Das Wort von der »Patchwork-Identität« macht die

Runde. Damit wird versucht, ein Phänomen zu beschreiben, das so aussieht: Lebenswege und Lebensfäden entrollen, entwickeln und entspinnen sich oft genug nicht mehr geradlinig, folgerichtig eins aus dem anderen und in vergleichsweise sanfteren Übergängen, sondern setzen sich zusammen aus Teilen, aus Flicken und Stoffstücken, die in ihren Grundmustern oft nicht zusammenzupassen scheinen. »Patchwork« – Leben als »Fleckerlteppich«. Die Nähte zwischen den Einzelteilen müssen einiges aus- und zusammenhalten: verschiedene Orte, unterschiedliche Ausbildungs- und Arbeitsstellen, wechselnde Partner und und und … Die Übergänge sind nicht immer schmerzfrei; und auch der Rückblick – so er nicht nur verklärend ist – kann das Ganze oft nicht mehr zu einem harmonischen Ganzen zurechtschneidern.

Von daher wird die Sorge Jesu um die Seinen noch eine Spur deutlicher, die hinter Sätzen steht wie den folgenden aus dem Lukasvangelium:

Und er sagte zu seinen Jüngern: Deswegen sage ich euch: Sorgt euch nicht um euer Leben und darum, daß ihr etwas zu essen habt, noch um euren Leib und darum, daß ihr etwas anzuziehen habt.

Das Leben ist wichtiger als die Nahrung und der Leib wichtiger als die Kleidung.

Zwar gelten die Webrahmenbedingungen von heute nicht so ohne weiteres für die Menschen damals. Dennoch – und daran erinnert der Evangelist Lukas im Gewebe seiner Gemeinde – gibt es für die Frauen und Männer in der Nähe Jesu und dann in den ersten kleinen Gruppen, gibt es in deren Lebensfaden einen entscheidenden Einschnitt: Er, Jesus, hat ihnen einen

Riß gegeben. Durch ihre Entscheidung für ihn verändert sich ihre Biographie spürbar (und nicht ohne Gefährdungen, wie sich herausstellen wird), aber gerade deshalb versichert Jesus ihnen und versichern sie sich durch das Evangelium, das in ihrer Mitte aufgezeichnet wird, der besonderen Aufmerksamkeit und Sorge, die Jesus in ihre Lebenswege und Alltagsfragen einflechten will.

Die »kleine Herde«, die an einem dünnen Faden hängt. Der Faden ist hier nicht weniger als der Glaube an den Gott Jesu Christi, an Jesus Christus selbst. Von außen betrachtet, mag das wirklich nicht viel mehr sein als ein rissiges Gewebe, ja, es mag dem Glaubenden nicht selten selbst so vorkommen, als risse dieser rote Faden nur allzu leicht.

Aber es gibt da eben doch auch ein anderes Webmuster. Einen – für diesen Zusammenhang und diese Erfahrung nicht ganz zufälligen – Hinweis gibt Bert Brecht in einem seiner Gedichte:

Der abgerissene Strick

Der abgerissene Strick kann wieder geknotet werden
Er hält wieder, aber
Er ist zerrissen.
Vielleicht begegnen wir uns wieder, aber da
Wo du mich verlassen hast
Triffst du mich nicht wieder.

Nicht von dünnen Fäden ist die Rede, sondern von Knotenpunkten, Verwicklungen, Verknotungen in einer Beziehungsgeschichte. Abreißen kann sie so manches Mal. Die Schnitt-, Bruch- und Rißstellen lassen sich nicht kaschieren, aber immerhin: ein neuer Zusammenhang ist möglich – auch und gerade in Patchwork-Lebensgeschichten, an denen von so vielen Seiten gezerrt wird.

Er hält nicht nur *wieder*, er hält *immer* wieder – der, der alle Fäden in der Hand halten will und wird.

»Ein fertig gewobenes Tuch« – das sollen wir werden dürfen, auch wenn uns die Weberschiffchen gehörig um die Ohren sausen …

In diesem Zusammenhang ist dann auch der Faden weiterzuspinnen, den Paulus in seinem ersten Brief an die Gemeinde in Korinth aufnimmt. Auch hier geht es darum, die Sorgen und die Ängste der Glaubenden dort angesichts von Riß- und Bruchstellen ernst zu nehmen und sie wieder zu verknüpfen mit einer Hoffnung, die sich selbst in ein neuartig gewobenes Tuch hüllt. Und diese Anfrage, die Unruhe, auf die Paulus antwortet, hat sehr konkrete Gründe. In der Gemeinde sind Zweifel laut geworden, *ob* es und *wie* es denn möglich sei, daß Jesus Christus seinen eigenen abgerissenen Lebensfaden – zu Ende gewoben auch er – hat wieder aufnehmen können. Konfrontiert mit der schneidenden Erfahrung des Abbruchs und des Todes können sich Skeptiker und Zyniker, aber auch die einfach bloß verunsicherten Zweifler immer gut auf die »Realitäten« beziehen. Und die, die am meisten einschneidet, ist die des Todes. Diesen durchaus leicht nachvollziehbaren Einwänden, die aus dem scheinbar grundsätzlichsten Webfehler des Lebens – dem Tod – entspringen, hält Paulus ein Hoffnungs- und Glaubensbild entgegen. Allein mit der Auferstehung Jesu, die da angezweifelt wird, weil sie alle Web- und Vorstellungsrahmen so leicht sprengt, wird der eigene, manchmal so dünne Faden Hoffnung verwoben und verknüpft. Der, der die Fäden durch jeden Tod in der Hand hält, ist, so bekräftigt Paulus, der Gott

Jesu Christi. Ob Auferstehung oder Auferweckung – bei Gott laufen die Fäden zusammen. Das ist das erste – und ohne es wäre alles andere Hirngespinst, Gesponnenes und Versponnenes.

Auf die Frage nach dem »Wie«, nach der Art und Weise, wie man sich in vorsichtiger und dezenter Annäherung denn vorstellen solle, daß Auferweckung geschieht, antwortet Paulus bildhaft: einem Kleiderwechsel ist Auferweckung ähnlich. Die abgerissene, durchgescheuerte Textilie Leben wird neu und endgültig ummantelt – und das nicht mit Ware »von der Stange«, sondern mit einer Sonderanfertigung, die nicht mehr aufträgt.

Daß die Weber immer hart für diese Textilie Leben haben arbeiten müssen, hat nicht zuletzt Gerhart Hauptmann in seinem Drama »Die Weber« für das Ende des letzten Jahrhunderts nachdrücklich beschrieben. Daß diese Weber damals gegen die mörderischen und zerstörerischen Lebensbedingungen zu Felde gezogen sind, den Aufstand für ein besseres, anderes Leben geprobt haben, zeichnet ein Bild, das auch ein Gottes- und Jesusbild ist: Einsatz bis zum letzten, bis zum Kreuz, Einsatz für das Leben, damit der Lebensfaden nicht reißt – unser Lebensfaden.